もしブラック・ジャックが仕事の悩みに答えたら

尾崎健一
[著]
手塚プロダクション
[協力]

日経BP社

はじめに

もしも天才外科医のブラック・ジャックが、現代のビジネスパーソンの悩みに答えたら、どんなセリフを言うだろう。核心をズバリと突いた洒脱な一言で必ずや、私たちの迷いを断ち切ってくれるに違いない――。

そんな思いから著したのが本書です。

巨匠、手塚治虫が描いたブラック・ジャックは、ご存じの通り、無免許の外科医です。天才的な手術の腕を見せる一方で法外な報酬を吹っかけ、無愛想で怪しい外見の医師として描かれています。しかし、その言動を子細に眺めれば、奥底にはヒューマニズムが流れ、森羅万象の本質をも垣間見せてくれます。

そんなニヒルなヒーローに、多くのファンが魅了されます。

ブラック・ジャックが格好いいのは、高い技術を持つからだけではありません。肩書や世間体、見栄などにとらわれることなく、人間の一人ひとりをまっすぐに見つめ、自分の価値基準に従って、首尾一貫した行動を取るからです。軸がブレないのです。さらに、その的確な判断は、深い洞察に裏打ちされています。そこに私たちは、本物のプロフェッショナルの流儀を見いだしているのではないでしょうか。

私自身は現在、人事労務関連のコンサルティングを仕事にしています。企業向けにメンタルヘルスの維持・向上に関するアドバイスをするほか、研修のプログラムを作って登壇したりしています。さらに現場で働く方々から、上司として、あるいは部下としてのさまざまな悩みを伺う機会もよくあります。過去には、メーカーの人事部やＥＡＰ（従業員支援プログラム）会社で働いてきたので、仕事にまつわる悩みには数多く接してきました。

そんな中で、つくづく痛感するのは、他人の悩みに対するアドバイスで重要なのは、「何を語るか」ではない、ということです。

なぜなら、同じことを言われるのでも、「誰が、どのタイミングで語るか」によって、本人が腹落ちして納得できるかどうかに、大きな差が出るからです。言われた本人が、今までになじみ過ぎた行動パターンから脱し、新しい一歩を踏み出せるかどうかは、アドバイスの内容よりもむしろ、どんな状況で、どんな人からアドバイスされたかにかかっています。

「上司の評価に納得できない」
「他人の話を聞こうとしない後輩に腹が立つ」
「自分のキャリアの行く末が心配」……。

本書でも取り上げるような多くのビジネスパーソンが抱く悩みに、いろいろな人が、さまざまなアドバイスをします。その中には、言っていることそのものは当を得ているのに、言われた本人はどうしても納得しないというケースが多くあります。

その背後には、こんな心の叫びがあると思うのです。

「そんな偉そうなことを言う資格が、おまえにあるのか！」

逆にいえば、尊敬できる上司や先輩が言うのならば、納得できる。その人のこれまでの努力や実績もよく知っているからこそ、何気ない叱咤激励の一言にハッとする。そして明日からまた頑張ろうと思える。そんな経験をしたことがある人も少なくないはずです。

では、万人が「この人が言うのならば」と、納得してくれる人は誰か。
そう考えたとき、私の頭に浮かんだのが、ブラック・ジャックでした。

手塚治虫が生んだ『ブラック・ジャック』の世界観は、決して現実離れしていません。むしろ、現実の複雑さを丸ごとのみ込むような奥深さがあります。

その中で深い苦難を乗り越え、幾多の修羅場をクールに裁いていったブラック・ジャックであれば、どんな悩みを持つ人にも、説得力ある答えを示せるはずです。

何より、そんなブラック・ジャックの後ろ姿は、くよくよと悩み続ける自分がいかに小さな世界に閉じこもっているかを、私たちに教えてくれます。仕事の悩みの突破口は大抵、少しだけ視野を広げることにあります。自分の殻をちょっと破れれば新しい選択肢が見え、次のアクションが取れるものです。そのためのヒントが、『ブラック・ジャック』の物語にはあふれています。

こんなアイデアから生まれた本書は、少し変わった構成になっています。

4つの章に分けて、13個の「カルテ」を、ご紹介します。

それぞれのカルテが、次の3つのパートからなります。

【1】「ある職場で」―― どんな職場にもよくある、ビジネスパーソンの悩みやボ

ヤキを紹介します。私が現実に見聞きした実例に基づいていますが、業界や職種が違う人にも問題の本質が分かりやすいように加工しています。

【2】「ある一話」――【1】の「ある職場で」の悩みに対しヒントになりそうな『ブラック・ジャック』の物語を紹介します。単にあらすじを書くのではなく、ヒントになる部分をそれとなく強調しています。ただ、まずは〝ブラック・ジャック・ワールド〟の面白さと感動をストレートに受け取ってください。では、この物語がなぜ、職場で悩む人のヒントになるのか。それを読み解いていくのが次のパートです。

【3】「ここに注目」――『ブラック・ジャック』の物語が、【1】で紹介する「ある職場で」の悩みに対し、どのようにヒントになるのかを考察します。そして最後に、ブラック・ジャックならどんなセリフで一刀両断してくれるのかを〝妄想〟してみました。

本書では幸いにも、手塚プロダクションのご協力を得て、原作マンガの名シーンの数々を転載させていただいています。読者の皆様がぜひ、『ブラック・ジャック』の世界観に浸り、楽しみながら、明日から仕事を頑張るエネルギーとヒントを得られるようにと願います。もちろん、これを機に原作を手に取り、読んでいただけるなら、一人のファンとして望外の喜びです。

あらためて手塚プロダクションの皆様に、謹んで感謝を申し上げます。手塚治虫の生誕90周年、『ブラック・ジャック』の連載開始45周年という節目の年に、本書を上梓できたことを光栄に思います。

また、この場を借りて、一般社団法人日本産業カウンセラー協会に感謝を申し上げます。本書の原型となったのは、同協会の会報誌「ＪＡＩＣＯ」に連載した「職場の悩みに効くブラック・ジャック」です。執筆のチャンスをいただいた同協会の広報・広告部の佐藤晃部長はじめスタッフの皆様、連載の編集にご協力いただいた株式会社アストラの皆様には、ひとかたならずお世話になりました。本書の刊行が、協会の発展の一助にもなることを祈念します。

尾崎健一

２０１８年10月吉日

※本書は、一般社団法人日本産業カウンセラー協会の会報誌「JAICO」（2016年5月号〜2018年3月号）に連載された「職場の悩みに効くブラック・ジャック」を再編集したものです。

●日本産業カウンセラー協会
1960年設立。働く人と組織を支える専門家の育成を手掛ける。「産業カウンセラー」など心理職の民間資格を認定するほか、国家資格「キャリアコンサルタント」取得の講習などを担う。

会員数3万1830人、賛助会員306社（2018年2月末現在）。

ホームページ　http://www.counselor.or.jp/

目次◎もしブラック・ジャックが仕事の悩みに答えたら

はじめに　003

第1章　仕事でこじれる人間関係　021

カルテ01　現場のブーイングに熱意も揺らぐ　022
【ある職場で】過労で倒れた元エース社員
【ある一話】◀ヒントは「六等星」
【ここに注目】人は自分の位置からしか星を見ていない
「ちっちゃな星に見えるけどあれは遠くにあるからだよ」——。
大病院の院長の座を争い、派手な選挙戦を繰り広げる医師2人。その影に隠れた実力派、椎竹（しいたけ）医師の知られざる腕前に、ブラック・ジャックが光を当てる！

そのかわり

カルテ02
もっと仲良くしたいのに

ある職場で　取っつきにくい同僚に戸惑う女性社員

ある一話　◀ヒントは「ディンゴ」

ここに注目　「仲良くする」だけが解決策か？

「死ぬ覚悟ができれば
こわさも痛みも消えるもんだ」——。
広大な荒野で謎の病魔に襲われ、
のたうちまわるブラック・ジャック！
自らの手で、自分の腹を切る大手術。
人間の愚かさが生み出した
新種の寄生虫との対決の結末は!?

036

カルテ03
こっちの事情も考えてください

ある職場で　営業と対立する在庫管理のリーダー

ある一話　◀ヒントは「サギ師志願」

ここに注目　敵ではなく仲間だった

「前金で三千万円いただくなら
やりますがね……」——。
吹っかけるブラック・ジャックと
町医者・矢武井（やぶい）医師のひらめき。
病に苦しむ息子を救いたい妻と、
金がないから諦めろと迫る夫。
切ない夫婦のパズルを解いた奇策とは!?

050

「じゃあ はいつくばってでも行くんだな!」——。病を克服し、杖で徒歩旅行に挑む少年を、ブラック・ジャックは突き放す。頑なな若者のプライドを包み込む、粋な計らい。その裏にブラック・ジャックの知られざる過去が!

ある職場で　同期に先を越された中堅社員

ある一話　◀ヒントは「病院ジャック」

ここに注目　相手を変えるのは至難の業

「オペはつづける」「手さぐりでわたしに器具をわたせ」――。
テロ組織の襲撃を受けながらの神業！
「たいしたやつだな……
簡単に五人も死なせるなんて
こっちは……ひとり助けるだけで
せいいっぱいなんだ……」

カルテ06　ミスを部下に押し付けるなんて　098

ある職場で　疑心暗鬼に陥った期待のホープ

ある一話　◀ヒントは「笑い上戸」

ここに注目　感情は変えられなくても、行動は選べる

「そんな親が憎らしくないのかっ
子どもをほっといて逃げる親がっ」――。
行き場を失った怒りを、親友にぶつける
ブラック・ジャック少年！
過去の怨念がもたらした惨劇。
孤高の天才外科医の悲しい生い立ち。
そして残された一筋の希望の光とは!?

カルテ07 それって私がやるべき仕事でしょうか？ 112

ある職場で 法務のプロになりたい若手社員

ある一話 ▶ヒントは「三者三様」

ここに注目 専門性だけでプロになれるか

「おちつけっ！
なぜヨワネをはくんだっ！」——。
手術室で弱気に陥ったスタッフを
一喝するブラック・ジャック！
瀕死の重傷者が居並ぶ
大事故の修羅場で、
若き〝医師の卵〟を覚醒させる！

第3章 上司のボヤキ 129

カルテ08 どの部下にもちょっと不満 130

ある職場で
凸凹チームを率いる新米マネージャー
ある一話
▶ヒントは
「なんという舌」
ここに注目
今あるもので何とかする

「……それは天才じゃない
訓練ですね」——。
サリドマイド児が
全国珠算コンクールで優勝を狙う！
ブラック・ジャックの心をも動かした、
死に物狂いの少年の努力。
その先に待っていた逆転劇とは!?

カルテ 09
そういうことは期待していないのに 144

ある職場で
部下の奮闘に不満を覚える部長
ある一話
▶ヒントは
「家出を拾った日」
ここに注目
減点ばかりしていないか？

「おまえもしや医者がイヤで
家出したんじゃないか」——。
わんぱく坊主の裏事情を、
即座に見破るブラック・ジャック！
大好きな女性教師を治せなかった父親。
それを許せない息子。
こじれた3人の心模様を一気に晴らす！

カルテ10 みんなが嫌ならやめておこうか 160
ある職場で ギスギスする部下たちに手を焼く課長
ある一話 ◀ヒントは「カプセルをはく男」
ここに注目 手っ取り早くの連鎖

「医者の肩書きを利用して麻薬でもうけているやつがおもてむきどんな善人づらしてるか見たくなっただけさ!」——。病院長の裏の顔を暴き、監禁されてしまったブラック・ジャック! 虚飾にまみれた転落劇の末路は!?

第4章……キャリアの分かれ道 177

カルテ11 うまくいかなかったらどうしよう 178

ある職場で　総合職への転換をためらうアシスタント
ある一話　▶ヒントは「気が弱いシラノ」
ここに注目　行動を起こさなければ分からない

「顔？ 顔がなんだよ 映画スターのコンテストじゃねえ！」――。
恋する男の悩みを
ブラック・ジャックが一喝する！
5000万円が支払えないのならばと、
たった1000円で引き受けた
“変身手術”の結末やいかに!?

カルテ12　昔はあんなに褒められていたのに　194

ある職場で　現場が恋しい営業マネージャー
ある一話　▶ヒントは「海賊の腕」
ここに注目　「他者評価」というジェットコースター

「おれは牧師じゃないんだぜ
だが方法はある
ひきうけてもいい」――。
腕の切断を余儀なくされた体操少年と、
それを陰から見守る少女の奮闘。
絶望に沈みかけた心を、
ブラック・ジャック特製の義手が救う！

カルテ13 何のために頑張っているのだろう
ある職場で 疲労困憊するカスタマーサポート責任者
ある一話 ◀ヒントは「上と下」
ここに注目 損得だけが仕事の価値基準ではない

「手術代のツリを持ってきただけだ」――。
素っ気ない言葉を残して、
立ち去るブラック・ジャック。
差し出した封筒には、なんと……。
親友を救うため、一文無しになった
焼久曽（やけくそ）社長の末路は!?
210

おわりに 228

本書の読み方

4章に分けて、13個の「カルテ」を、ご紹介します。
それぞれのカルテが、次の3つのパートからなります。

ある職場で

どんな職場にもよくある、ビジネスパーソンの悩みやボヤキを紹介します。
私（著者）が現実に見聞きした実例に基づきますが、
業界や職種が違う人にも問題の本質が分かりやすいように加工しています。

↓

ある一話

『ブラック・ジャック』の物語を紹介します。
まずは〝ブラック・ジャック・ワールド〟の面白さと感動をストレートに受け取ってください。
ただし、冒頭の職場のケース（「ある職場で」）のヒントになる切り口を、
それとなく強調して書いています。それを読み解くのが次のパートです。

↓

ここに注目

『ブラック・ジャック』の物語が、
冒頭の職場のケース（「ある職場で」）の主人公に、どのようにヒントになるのかを考察します。
最後に、ブラック・ジャックなら何とアドバイスするのかを〝妄想〟してみました。
身近な職場の悩みと『ブラック・ジャック』の物語の間に、
思いがけない接点を発見できれば、マンガも仕事も、より楽しめるのではないでしょうか。

無免許で高額報酬にもかかわらず
ヒューマニストな天才外科医ブラック・ジャック。
手塚治虫が１９７３年の連載開始以来２４２話を生み出した医療マンガの主人公だ。
外科医として多くの人生に向き合ってきたブラック・ジャックが、
もし現代に働く人の悩みを斬るとしたらどのようにメスを振るうのか？
そんな視点で『ブラック・ジャック』を読み返したら、どんな発見があるだろう。

第1章

仕事でこじれる人間関係

カルテ KARTE 01

現場のブーイングに熱意も揺らぐ

【ある職場で】過労で倒れた元エース社員

中堅商社で10年間、営業として活躍してきたAさん。若手の頃から業績優秀表彰をたびたび受け、同期の中で2番の早さで係長に昇進した。しかし、初めて経験するプレイイングマネージャーの忙しさとプレッシャーは想像を超えていた。「予算必達！」と頑張るうちに、過労でダウン。昨年、総務部に異動となった。

リハビリ的な配慮から負担の軽い部門に配置されたと、周囲も自分も理解していた。

しかし、実際に従事してみると、総務部の仕事は思いのほか幅広くて大変だ。社内システムや設備管理に社内広報、ＩＳＯの資格更新……。さらに、社長発案のボラン

ティア活動の立ち上げなど、どこが担当すべきか分からない仕事は大抵、総務に回ってくる。

手始めにAさんが任されたのは、備品や設備の管理だった。電球が切れたりすると、部署からの依頼を受けて補充する。確実に遂行しても誰からも褒められない。しかし、届ける電球の型番間違いなど、うっかりミスをしたときは、しっかり文句を言われる。「割に合わない仕事だな」と感じていた折、一緒に飲みに行ったかつての同僚に「おまえは電球を替えて給料がもらえるんだからいいよな」と、しみじみと言われ、かなり落ち込んだ。

総務の仕事は成果が見えず、営業に比べて報われにくい。そう痛感した。

それでも「誰かがやらなければならない必要な仕事。やるからには全力を尽くそう」と、目の前の仕事に精一杯取り組んだ。備品管理では、総務部にあった過去のデータを分析し、各部署で欠品する時期を予測。「そろそろ、何を何個くらい補充する時期ですよ」と、自動的にお知らせメールを送る仕組みをつくった。すると、アシスタントの人たちから「これ、便利です！」と、感謝のメールが何通か舞い込んだ。小さなことだが、それはそれでうれしいものだ。

そんなとき、全社的な働き方改革の取り組みとして「労働時間短縮プロジェクト」

が始まることを知った。人事部の社員が中心メンバーになるはずだったが、過労でダウンした経験を持つAさんは「絶対やりたい！」と、自分から手を挙げた。その熱意を買われ、参加させてもらうことになった。

だが、時短プロジェクトには、最初から逆風が吹いていた。稼ぎ頭である営業部門の抵抗が強かったのだ。現場からは「ノルマは減らないのに残業だけ減らせなんて」とこぼす声が聞こえてくる。確かに、自分の営業時代の経験を振り返れば、もっともな意見だ。

そこでAさんは、まず「働き方改革ヒアリング」を実施することにした。一方的に、「労働時間を短縮しろ」と指示するのでなく、まず現状を把握しようというものだ。今現在、どれだけの業務があり、どんなプロセスで進められているのか。その中に、ボトルネックとなっているポイントはないか。複雑な要因を解きほぐすのが改善の第一歩。そう考えて、営業社員との個別ミーティングを設定しようとしたところ、ブーイングの嵐にさらされた。

「そんな時間があるかよ、死ぬほど忙しいのにさ」

「ミーティングしたところで、抜本的な改善策が提案できると言い切れるのか」

「そんな暇があるんだったら営業を手伝ってくれよ」

こうした現場の反応に遭うとAさんは、営業の気持ちが分かるからこそ思い悩んでしまう。頑張れば頑張るほど疎ましがられる現状に、熱意が揺らいでしまうのだ。

この事例にブラック・ジャックのある一話を思い出した

ある一話 六等星

「ダーン ダーン」

「ドドーン ドドーン」

派手に打ち上げられる花火を見上げてピノコは大興奮。

「キャー ちゅごーい もーちびれそー」

――花火大会が終わった帰り道。

すっかり静かになった夜空に星を見つけてピノコが言う。

「あんなちっちゃいの 消えたってわかんないわのよね」

そんなピノコに、ブラック・ジャックは説明した。

「一等星はあのでかい星だ 六等星はほとんど目に見えないくらいかすかな星のことだ」

「だがな ちっちゃな星に見えるけどあれは遠くにあるからだよ」

「(六等星は) じっさいは一等星よりももっと何十倍も大きな星かもしれないんだ」

そう話すと、ある回想を始めた……。

大病院として有名な真中《まんなか》病院では、

病院長の急死により、院長選挙を行うことになった。候補者は2人。どちらも押しが強く、テレビ番組に出たり、ベストセラーの本を出したりと、派手に活動をしているベテラン医師だ。

もう一人いるベテラン、椎竹《しいたけ》医師は影の薄い存在だった。いつも他の医師の補佐役をしていて、「いるのかいないのかわかんない」「キャリアはあるだろうけど院長のガラじゃないね」と、見向きもされていなかった。

そんなある日のことだった。たまたま路上で大事故に遭遇した椎竹医師は、とっさに怪我人に応急処置を施した。そこに偶然通りかかったブラック・ジャックは、あまりに的確なその処置に目を奪われた。たった3秒で上腕神経叢《じょうわんしんけいそう》に麻酔注射をするなんて、並みの熟練ではできない。これだけの腕を持つとは、どこの病院の医長なのかと声をかけると、ヒラの医局員だと言うではないか。

「なぜもっと地位を望まないのですか？」と、ブラック・ジャックが問うと、椎竹医師は「医者は欲が優先しちゃおしまいですよ…ハハ……」と言って立ち去った。

一方で、真中病院の院長選挙では派手な票取り合戦がエスカレートし、あろうことか賄賂が横行していた。結局それが公になり、候補者2人ともが買収容疑で逮捕されてしまう。

……そんな大病院の内輪もめの話に聞き入っていたピノコは、椎竹医師のことが気になって、ブラック・ジャックに尋ねた。

「で その先生なにしてゆの」

「さあね じっとだまって見てるだろ」

そんな話をしながら花火大会から家に帰り着く。

玄関の扉を開けるやいなや、その真中病院から電話が入った。手術依頼だ。花火大会で暴発事故が起き、全身大火傷の患者が運ばれてきた。だが治療しようにも、それだけの大手術をできる医師がいないというのだ。ベテラン医師2人が逮捕されたから、ということだろう。

ブラック・ジャックは皮肉な笑みを浮かべて言った。

「椎竹先生なんかどうです？」「そんな先生の執刀なんか考えられないって？」

そして、どうしても頼みたいのなら「手術料は五千万円ですぜ」と吹っかけた。

そんな横暴な態度に「なんて悪らつなやつだ こっちの弱みにつけこんで…」と、病院スタッフは怒って電話を切ってしまう。

こうして椎竹医師に手術を依頼するしか選択肢はなくなった。病院スタッフの誰もが椎竹医師はきっと怖気づいて断ってくると踏んでいた。何しろ、執刀責任者になったことがない。だが、彼は「やりましょう」と落ち着き払って承諾したのだ。

驚くスタッフたちを尻目

に、テキパキと的確な指示を出す椎竹医師。

「病院内から植皮提供者をつのってください」「血液供給をつづける！」「破傷風の血清もだっ」……。

その姿を目の当たりにしたスタッフたちは戸惑い、言葉をなくしていた。

こうして手術が始まった頃、ブラック・ジャックは自宅でピノコと話していた。

「今ごろ病院の連中は目がさめてるぜ 新院長をだれにするかってことをね」

「れもそのかわいうちはにくまえちゃったじゃないのよさ」

「おまえにはわからないんだよ……」

ピノコは窓辺に立って、あらためて星空を見上げた……。

（『ブラック・ジャック』第124話「六等星」＝秋田書店 少年チャンピオン・コミックス13巻／電子書籍版3巻収録）

華やかな花火大会が爆発事故になり、派手な2人の医師による院長選挙が買収事件に発展する。その傍らで静かに輝き続ける星と、地道に仕事を全うする椎茸医師。見かけの派手さに惑わされてはならないことを思い出させてくれる。

この物語が、働き方改革に奮闘しながらも、現場の反発に心揺れるAさんに、どんなヒントになるのか

ここに注目 人は自分の位置からしか星を見ていない

意識しているかどうかは別として、人は常に互いを評価し合い、自分がどう見られているかを気にするものだ。仕事での関係となればなおさら、第三者の評価は切実な問題になる。

この物語に多くの人が感じる「見かけに惑わされない」という教訓は、「評価する側」としての反省だ。一方、「評価される側」としても学ぶべき点がある。

椎竹医師とブラック・ジャックは、評価される側として共通点がある。それは、「他人の評価に関心がない」ということ。

物語の中で、病院のスタッフたちは椎竹医師を、地味で影が薄いがゆえに能力がないと思い込んでいた。実際は院長候補に引けを取らない技術を持っているにもかかわらず、だ。しかし、それを自ら主張することはない。椎竹医師は、他人からどう見られるかを気にしていないのだ。

ブラック・ジャックも法外な手術代を吹っかけ、病院のスタッフから「なんて悪らつなやつだ こっちの弱みにつけこんで…」と、悪者扱いされてしまう。しかし、椎竹医師の実力に気付いてもらうためなら、そんなことなどお構いなしだ。つまり、ブラック・ジャックも他人からどう見られるかに関心がない。自分の信念に従って行動するのみだ。

しかし現実には、この2人のように「誰にどう見られようとも構わない」と割り切るのは簡単なことではない。

物語の中に、椎竹医師の妻がぼやく場面がある。院長候補に名前が挙がらなくても平然としている夫を見て、こうつぶやくのだ。「あなたって人はそういう欲が全然ないんですから」「もうあきらめてますけど さみしいわね」と。

地位や評価にこだわらない夫を尊敬しながらも、どこか割り切れずにいる。凡人にしてみれば、そんな妻の姿のほうに、むしろ人間らしい親近感を覚える。

そして職場の事例のAさんも、総務での仕事に意義を見いだし、意欲的に取り組みながらも、報われない仕事だという寂しさは拭い切れない。まして、時短プロジェクトのように、現場から総スカンを食らってしまえば、熱意が揺らぐ。それが普通の人なのだ。

どうしたら、椎竹医師やブラック・ジャックのように泰然自若としていられるのか。

そのヒントが物語の冒頭、ブラック・ジャックがピノコに語る六等星の大きさにある。私たちには一等星のほうが六等星よりも大きく見えるが、現実はそうではない。その大きさは宇宙のどこから見るかによって変わる。

人の大きさも同じだ。ある人への評価は、見る人の立ち位置によって変わる。ブラック・ジャックから見れば、超一流の腕を持つ椎茸医師だが、病院スタッフの目には冴えない人物にしか映らない。ピノコから見れば、優しく頼れるブラック・ジャックも、世間一般には憎まれ役だ。

元エースのAさんを、「今は落ちぶれた人」と見る人もいるかもしれない。一方で、欠品補充を促す仕組みづくりに拍手を送るアシスタントもいる。時短プロジェクトのメンバーに選ばれたのは、働き方改革への熱意や営業時代からの実力を買った人がいるからだろう。

確かにAさんは今、営業から疎ましがられる存在だ。しかし、「時短推進の旗を振る」という立場に立てば、Aさん以外の人がやっても現場からの反発は免れられないだろう。ほかにも、コンプライアンス強化やセキュリティー対策の推進など、現場から「面倒くさいことを言う」と嫌がられる仕事は多くある。それでも放置すれば、会社はいつか危機に陥る。ブラック・ジャックではないが、あえて憎まれ役になってでも、誰かがやらなくてはならない。

そんな憎まれ役の登場を誰より待ち望んでいるのは、経営トップかもしれない。そんな経営トップから見ればAさんは「頼もしい存在」と評価されるだろう。

要するに、悪く言う人もいれば、好意的な人もいる。その人の見る位置によって千差万別の意見が出てくる。ある星の大きさが、宇宙のどこから見るかで変わってしまうのと一緒だ。

椎茸医師やブラック・ジャックは、そんな他人の評価のはかなさをよく知っているのだろう。だから、褒められて浮き足立つこともなければ、ぞんざいに扱われても、憎まれても気にしない。自分自身が今やるべきことを淡々とやるだけだ。

Aさんには実力もあるし、働き方改革に懸ける熱意も本物だ。命令されてする仕事とはわけが違う。あとほんの少し、ものの見方を変えるだけで、椎茸医師やブラック・ジャックの領域に近づけるのではないか。

ブラック・ジャックならAさんにこう言うだろう。

「周りにいちいち振り回されるな。
地球から見た六等星も、他の星から見れば一等星。
宇宙空間では自分の軸だけが頼りなんだ。
地上でもそれは同じことだろ」

カルテ KARTE 02

もっと仲良くしたいのに

ある職場で 取っつきにくい同僚に戸惑う女性社員

Bさんは和菓子チェーンに入社して4年目の女性社員だ。

最初に配属された本社の企画部には、面倒見のいい1つ年上の先輩がいた。仕事を教えてくれるのはもちろん、仕事以外のことでも、よく話しかけてくれた。寂しがり屋のBさんにはそれがありがたく、好きなタレントのことや職場の噂話でよく先輩と盛り上がった。本社近くのおいしい店を探しては、一緒に食べ歩いたりもした。

だが今春、Bさんは人事異動で、郊外の店舗勤務に変わった。

新しい職場には1つ年下のCさんがいて、彼女から仕事を教わることになった。

Bさんは、前の職場の先輩と同じように、Cさんとも仲良くなりたいと思った。しかし、Cさんは、自分から話しかけてくるタイプではなかった。仕事熱心な人で、分からないことを質問すれば、懇切丁寧に教えてくれる。ただ、どちらかといえば寡黙で、基本的に仕事に関係のない話はしない。「Cさんの趣味って、何ですか?」と尋ねても、「いや、特にこれっていうものは……」と、はぐらかされてしまう。

せめてランチでも一緒に行けるといいのだが、店舗勤務では本社と違って、昼休みは交代で個別に取ることになっている。そうなると、勤務中に雑談する機会はほとんどない。仕事帰りに、最近できたというカフェに誘ってみたが、やんわりと断られてしまった。そういうことには、あまり興味がないらしい。

Cさんは決して意地悪ではないし、完全に人間関係を断っているというわけでもなさそうだ。漏れ聞くところによると、学生時代からの友人とは休日に出かけたりしているらしい。

だが、どうも自分とはウマが合わない。そう広くない店舗で2人きりになったりすると、会話もないまま時間が流れ、気まずくなる。

そんな毎日にそろそろBさんは耐えられなくなってきた。

そこで、前の職場の先輩に相談してみた。

「とにかく話が続かないんですよ」とぼやくと、「もう少し具体的な質問にしてみたらどうかな」と、アドバイスされた。「趣味みたいなぼんやりした質問じゃなくて、必ず答えのある質問をしてみるのよ。例えば、誕生日とか出身地とか」と言われ、Bさんは、なるほどと思った。

翌朝、さっそくCさんに誕生日を尋ねると、キョトンとした顔をされた。「4月10日だけど……」と、答えてはくれたが、なぜそんな質問をするのか分からないといった様子で、小さく首をかしげる。Bさんは思わず、黙り込んでしまった。その間にCさんは、そそくさと仕事に取り掛かろうとする。

Bさんはどうしたらいいのか、ますます分からなくなってしまった。

この事例にブラック・ジャックのある一話を思い出した

【ある一話】ディンゴ

1770年、オーストラリア大陸にキャプテン・クックが上陸。カンガルーとヒクイ鳥とカモノハシの天国だったこの大陸に、初めて足を踏み入れたのは、白人たちだけではなかった。彼らが連れ込んだ犬は瞬く間に増え、野生化。在来の動物たちをかみ殺してオオカミのようにすみ着き、繁殖した。その名をディンゴという。

……時は過ぎ、ブラック・ジャックは、広大なオーストラリア大陸のどこまでも続く一本道に車を走らせていた。300キロメートル走ってもガソリンスタンドひとつない。

京都で出会った農場経営者のレヤード氏から依頼を受け、彼の病気の治療に向かっていたのだ。

ガス欠を気にしながら、ようやくレヤード邸に到着すると、やけに静まり返っている。呼び鈴を鳴らしたが応答がない。玄関の鍵も開けっ放しだ。

異変を感じたブラック・ジャックが中に入ってみると、書斎の椅子には腐敗したレヤード氏の死体が……。もう何日もたっているようだ。奥には妻子が床に倒れて亡くなっていた。

いずれも遺体に赤い斑点がある。

伝染病かショック死か、あるいは心臓麻痺か、農薬の中毒も疑った。

「たしかにこのあたりではひろい農地に飛行機で農薬をふりまく……」

だが、農薬でこんな症状が起きるのか。ブラック・ジャックをしても原因の特定は難しい。

ふいに飛行機の音が聞こえてきた。外に出てみると、小型の自家用機が墜落！　レナード邸に激突し、砕け散った。

燃え盛る機体から操縦士を引きずり出したブラック・ジャックは、ギョッとする。

「この男にも赤いはん点が!!」

操縦士は息絶え、機体は爆発。レナード邸の敷地一帯が炎上してしまう。

ブラック・ジャックは車に乗り込み、引き返す。だが、ガソリンは残り少ない。程なくして車は動かなくなる。

しかたなく、持てるだけの荷物を持って歩き始めた。草木もまばらな果てのない大地。たった一人でどこまでも歩き続ける。道端の畑のキャベツを食べ、野宿を続けた。

ある日、突然の腹痛に襲われる。

フウ…
名《な》も知《し》らぬ
惑星《わくせい》の上《うえ》に独《ひと》りただ
果《は》てしなくあゆみつ…
道《みち》ばたの
キャベツ畑《ばたけ》に
飢《う》えをいやし
……………
夜半《やはん》の風《かぜ》に
まどろみを
おかされ
さらに
憩《いこ》うすべなし
×月《がつ》×日《にち》
突然発熱《とつぜんはつねつ》 同時《どうじ》に
右下腹部《みぎかふくぶ》に激痛《げきつう》あり
夜半《やはん》に回復《かいふく》す

手持ちの道具で自ら検査を行ったが、病気を特定するには至らない。何日かして痛みは治まったが熱は下がらず、抗生剤を打ったが効果はない。

そして、とうとうブラック・ジャックの手足にも、あの赤い斑点が！

荒野の片隅で謎の病気に襲われ、死ぬかもしれない。そんな不安の中で再び、激しい腹痛と下痢に見舞われた。「死ぬ!!」「死にそうだ!!」と叫び、のた打ち回りながらも、自分の排泄物を検査した。その結果にさらに大きな衝撃を受ける。エヒノコックスの一部を発見したのだ。

エヒノコックスとは犬やキツネの体内に潜む寄生虫。その卵が犬の糞などを介して野菜や草に付き、人間の口に入る。腸内で卵がかえると、腸を食い破り、毒素を出しながら体中を暴れ回る。

ただし、エヒノコックスでは赤い斑点は現れない。

ブラック・ジャックは、エヒノコックスの新種なのではないかと考えた。それがレヤード一家を殺し、今、自分をむしばみつつあるのではないか……。

いずれにしても、自分の腸から寄生虫を除去しなければならない。

ブラック・ジャックは荒野の中、自らの手で手術を行う決意をした。以前にも鏡を使って、自分自身を開腹した経験がある。無菌テントを膨らませ、腹部に局所麻酔を施した。

「人間てやつは 死ぬ覚悟ができれば こわさも痛みも消えるもんだ」

手を震わせながら自分の腸をメスで裂いてみると、そこには確かに寄生虫が。

「でっかいぞっ……!!」

見立ては当たった。

寄生虫の摘出に成功してホッとしたのもつかの間、動物のうなり声が聞こえてきた。

ディンゴの群れだ。かつて白人が連れ込んだ犬が野生化した獣。彼らが今、ブラック・ジャックの血の臭いを嗅ぎつけ、手術用テントに、今にも襲い掛かろうとしている。

しかし、まだ患部の縫合作業の真っ最中だ。

「野犬ども…いいか……おれの手術が終わったらなんでもつき合ってやるから……」「それまで手

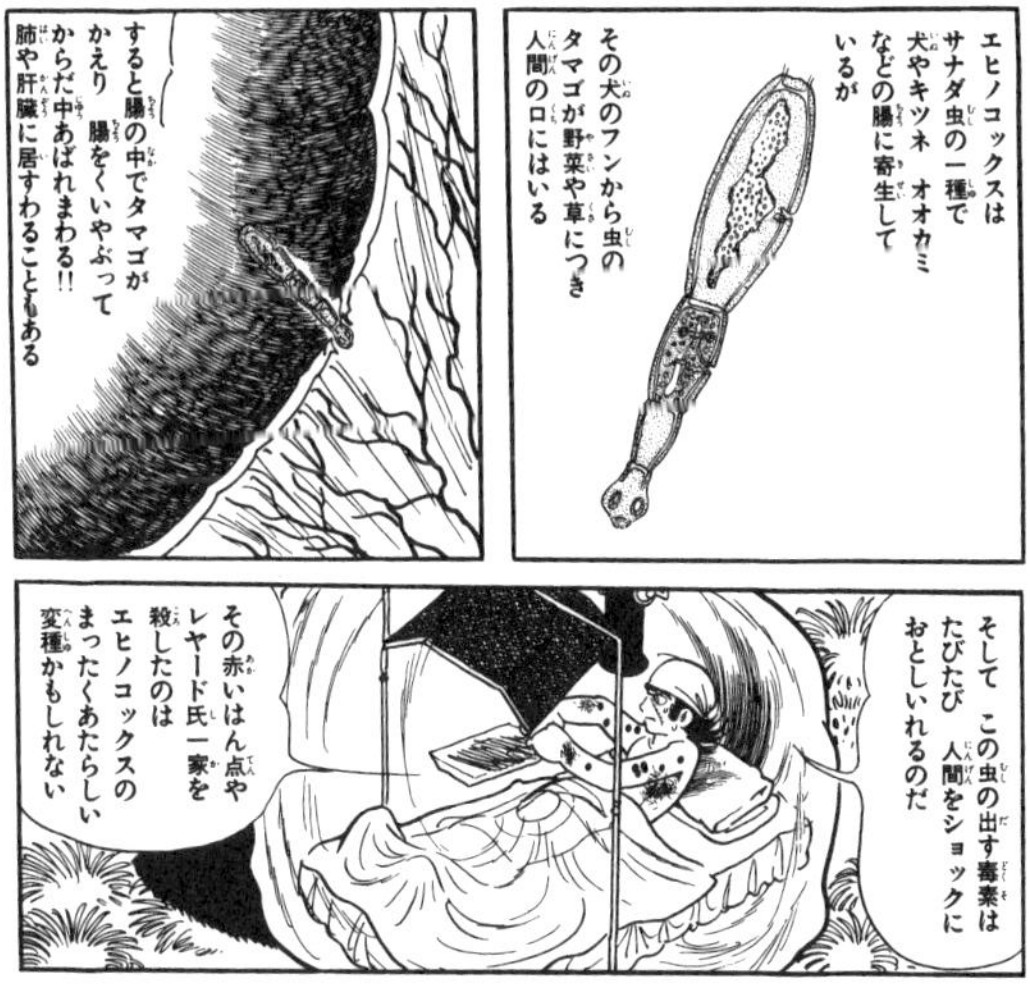

を出すな……手を出すなよ……いいか……」

ディンゴたちはテントに爪を立て始めた。ブラック・ジャックが自らの腹部を縫い終えようとしたまさにそのとき、遂に1匹の前足がテントを突き破る。

「ビリーッ」

ブラック・ジャックも思わず悲鳴を上げる。

だが、次の瞬間、銃声がとどろき、ディンゴが倒れる。たまたま通りかかった猟師に、撃ち殺されたのだ。猟師はテントの中をのぞいて驚く。

「この人 自分のハラをぬっとる」

これをきっかけに、農薬で変異した新種のエビノコックスの存在が明らかになった。その新種をばらまいたのがディンゴの仕業であることも。現地のテレビからニュースが流れてくる。

「おもえば人間と犬はむかし このオーストラリア中の生きものを殺しました」「その人間がつれこんだ犬が野生化して こんどは人間に死をふりまいているとはなんという皮肉でしょう」

空には農薬を散布する飛行機が悠々と飛んでいる。ブラック・ジャックは、それを見上げてつぶやいた。

「人間もバカだ――それに気づいてもまだやってる」

（『ブラック・ジャック』第88話「ディンゴ」＝秋田書店 少年チャンピオン・コミックス10巻／電子書籍版5巻収録）

自らの浅はかな行動が、自然にどれだけの影響を及ぼすのかに無頓着な人間たち。その愚行が巡り巡って自分たちを苦しめる展開に、やるせない恐ろしさを覚える。

この物語が、同僚と親しくなれないと悩むBさんに、どんなヒントになるのか

ここに注目「仲良くする」だけが解決策か？

自然と人間――。物語では、この2つが境界線を踏み越えることで、お互いに痛い目に遭う場面がいくつも登場する。

白人は、野生動物の天国だったオーストラリア大陸に乗り込み、境界線を越えた。そのときに持ち込まれた犬と農薬が、自然の生態系を乱した。その結果、今度はエヒノコックスの新種が自然界に生まれ、人間に猛威を振るう。

ブラック・ジャックも大陸の境界線を不用意に乗り越えた。その結果、エヒノコックスの新種に腸を食い破られる羽目に。知らないうちにディンゴの縄張りも侵していたのだろう。手術中にもかかわらず、今度はディンゴに襲われ、危機に陥ってしまう。

一方、ブラック・ジャックを襲ったディンゴも、手術用テントをむやみに破って侵入しようとした末に、撃ち殺されてしまう。

お互いが不用意に境界を越えた結果、思わぬしっぺ返しをくっている。

人間同士の関係でも、同じようなことがある。お互いをよく知る前に、焦って深入

りしようとして痛い目に遭ったことはないだろうか。

職場の事例のBさんは、寡黙な同僚のCさんと親しくなろうと躍起で、次々に質問をぶつけようとしている。

けれど、Cさんが言葉少ないのはなぜだろう。

例えば、人と話すのが苦手な性格なのだとしたら、どうだろう。Bさんにいろいろと話しかけられても気が利いた返答ができない。そのことを申し訳なく思い、ストレスを感じているかもしれない。あるいは、他人にはあまり知られたくないプライベートの事情があるとしたら、どうか。Bさんの質問が、いつ自分のデリケートな領域に踏み込んでくるのかとおびえているかもしれない。

可能性は、ほかにもいろいろ考えられる。Cさんの本音は藪の中だ。

しかし、自分のことをあまり話したがらない人に、親しくなろうとあれこれ働きかけるのは、「越えないほうがいい一線」を越え、関係を悪化させるリスクがある。

そうはいっても、一緒に仕事をする以上、ある程度は、コミュニケーションを取らなければならない。自分と気が合う人ばかりとは限らない職場で、いかにして適度な距離感を保てばいいのか。

そのヒントが物語の中に隠されている気がする。

ブラック・ジャックがレヤード氏と出会ったのは、京都だ。

京都人のコミュニケーションには、特有の文化がある。

一般に、排他的な土地柄で知られ、「ぶぶ漬け（お茶漬け）」を勧められたら「そろそろ帰ってください」の意味、というのは、よく知られた話だ。「一見さんお断り」の店も多い。

中でも興味深いのが「かどはき」で、玄関先を掃き掃除するとき、自分の家の前だけにとどめ、隣近所の分はやらない慣習がある。ここからにじむのは、「排他的」というよりむしろ、「お互いの領分をむやみに侵さない」というスタンスだ。

京都には、数々の戦乱に彩られた長い歴史がある。自分は誰の味方だと、軽い気持ちで旗幟《きし》を鮮明にすれば、他の人たちとの関係が悪化する。しかも、その影響は孫子の代まで続きかねない。そんなリスクの高い環境で、中長期的に、できるだけ波風立てずに周囲と交流するには、どうしたらいいか。そう考えたとき、「仲良くする」より、「仲を悪くしない」知恵が求められたのだろう。そこから、お互いに深く入り込み過ぎない、独特のコミュニケーション手法が確立されたと考えられる。

一見「冷たい」という印象を受ける京都の文化には、合理的な知恵が働いている。

ブラック・ジャックならBさんにこう言うだろう。

「何も、『仲を良くする』ばかりが能じゃない。『仲を悪くしない』という選択肢だってあるんだ。焦って深入りすると痛い目に遭うかもしれないぞ。私とディンゴのようにな」

カルテ
KARTE
03

こっちの事情も考えてください

【ある職場で】営業と対立する在庫管理のリーダー

部品メーカーで働くDさんは、在庫管理部のリーダーだ。

先日、ベテラン営業マンのEさんから、大口顧客の出荷について緊急の変更依頼がきた。1回で納品する予定だったものを、時期をずらして2回に分けてほしいという。

Dさんは気が進まなかった。

出荷予定日は迫っていて、イレギュラーな対応が必要になる。生産調整が発生するし、在庫期間が長くなる分、会社全体としてコストアップになる。在庫回転率が悪化すれば、自分たちの評価にも響く。

特にEさんの案件となると、苦い経験がよみがえる。

仕事の勘どころのつかめていない新人時代、Eさんに言われるままに、出荷時期の変更を引き受けたことがあった。結局、在庫と生産の調整がずれて、あちこちの部署に迷惑がかかり、謝罪に回った。あのときもイレギュラーな対応だと分かっていたが、Eさんに押し切られた。「大丈夫！ 先方は特別なお客さんだから、みんなも許してくれる」と言われて、つい気が緩んでしまった。

あのときのような迷惑を社内にかけてはならない。そう考えてDさんは、納品を2回に分けるとどれだけコストが上がるかを精緻に計算した。そのデータを添付して、Eさんに「残念ながら、今回は引き受けかねます」とメールした。

すると、すぐさまEさんがすっ飛んできた。

「そんな堅いことを言わないで、何とかしてよ。あのお客さんとはお互い、持ちつ持たれつで長いことやってきたんだからさ。俺もいろいろ世話になっているんだ。向こうの購買担当者も決算前で困っていてね。だから、ここは恩を売っておきたいんだよ。この大口受注が取れれば、予算達成も盤石になるからさ」

そんなEさんの言い草に、Dさんはいら立った。

特別な顧客だからといって、向こうの要求を何でも受け入れていいのか。そこから生じる生産調整の負荷を、誰が引き受けると思っているのか。コストアップの責任は誰が取るのか。強引な営業のために、在庫管理がとばっちりを食うのはまっぴらだ。

怒りを抑えながら、事務的に尋ねた。

「それでは、在庫コストの増加分は、営業で持ってもらえるのですか。それともお客さんに請求しますか」

これにはEさんもカチンときたようで、声を荒げた。

「コストが増えた分くらい、稼いでくるよ！　相変わらず在庫管理部は融通が利かないな！」

Dさんも負けじと応戦する。

「無理なものは無理だって、お客さんにも分かってもらわないとダメでしょう。無理を押し通したときに他の部署にかかる負担も考えてください！」

ちょうどそのとき、Eさんのスマートフォンが鳴った。スマホの画面を見ながら「とにかく考えといてっ！」と言い残し、去っていくEさん。このまま引き下がるとは思えない。

こっちもこっちで引くわけにはいかない。この先もひと悶着ありそうだと思うとDさんは憂鬱な気分になってきた。

この事例にブラック・ジャックのある一話を思い出した

ある一話 サギ師志願

ある夜。小さな子供を抱えた母親が病院から病院へと駆け回っていた。どの病院でも、その貧しい身なりを見るなり門前払い。診察を拒否されているようだ。何軒か回った末に、小さく薄汚れた矢武井《やぶい》医院にたどり着いた。

「あんたいつかの診料代まだはらってないね」

矢武井医師の記憶では、この母親は健康保険にも入っていない。すっかり厄介者を見る目付きだ。母親は、ぐったりした子供を抱いて頭を下げるばかり。

「すみませんすみません今度だけ……今度だけどうか……」

矢武井医師は渋々2人を診察室に通した。

診察を始めた矢先、病院の入り口から騒々しい物音がする。玄関を荒々しく開ける音とともに、男の怒鳴り声が響く。

「おい!! うちのカカアいるか!!」

入ってきた男が母親に向かって怒鳴った。

「医者なんかにつれてくるなっ！ ちくしょォ……」

夫のようだ。ツギの当たった薄汚れた服を着て一升瓶をぶら下げている。母親は言い返す。

「だって力《つとむ》がどうなってもいいっていうの！」

そんな妻の胸ぐらをつかんで夫は大声を上げた。

「じゃあ ハッキリいってやる うちにゃァ 医者にかかる金がねえんだ!!」

そこからとんでもない大喧嘩が始まる。互いを投げ飛ばし、殴りつけ、薬の瓶を投げ合う。

「連れてかえれってんだよ!! ここに一分いりゃァそれだけ金がかかるンだ！」

「あんた……力が死ぬよ……死んだら あんたが殺したんだよ 人殺し!!」

仲裁に入る矢武井医師。それでも全く喧嘩をやめる気配がない夫婦に、怒声を上げた。

連《つ》れて かえれってん だよ!!
ここに 一分《ぶん》いりゃア それだけ 金《かね》がかかるン だ!
おっと まった
いま 患者《かんじゃ》を 動《うご》かすのは あぶない!!
こんど 心臓発作《しんぞうほっさ》が おきると 最期《さいご》だぞ
オウ
先生《せんせい》よ おれの子《こ》だ どうしようと おれのかってだぜ
あんた…… 力《つとむ》が 死《し》ぬよ……
死《し》んだら あんたが 殺《ころ》したんだ よ 人殺《ひとごろ》し!!
なに おゥ
病院代《びょういんだい》 ぐらい かせいだら どうなのさっ
やめろ たかい クスリ なんだっ

「やめんか!」

……シーン。我に返った夫は、頑として診察を拒む理由を話し始めた。

夫は以前、ドヤ街で腹膜炎を起こした。担ぎ込まれた病院は、金がないと見るや、あれこれ理由を付けて診察を拒否。同じことが何軒も続いた。やっとのことで診てもらった病院からは多額の入院費の請求が続き、金輪際、医者にはかからないと決意したのだという。

それを聞いた矢武井医師は困り果てた。息子の病状が深刻だったからだ。川崎病という病気で、手術をしなければ心臓発作で命を落とすかもしれない。

夫は顔をしかめながら、「手術代なんか　はらうくらいなら一家心中しちまわァ……」「あきらめな　このガキャア　運がなかったんだぜ」と、ベッドの上の息子を横目で見た。妻は大声で泣き出してしまう。

そのとき、矢武井医師が何かひらめいた。「こうなりゃ考えがある」とつぶやくと、電話をかけ始めた。相手はブラック・ジャックだ。話を聞くなり「前金で三千万円いただくならやりますがね……」と吹っかけてくるブラック・ジャックに「患者のほうは　おはらいするといってますが」と、勝手に約束を取り付けてしまう。受話器を置くと、あぜんとする夫に言い放った。

「こうなりゃ医者が医者をだますの」

「三千万円 だれがはらうっていうんだ」と慌てる夫に、矢武井医師は小切手帳を出してサインをさせた。さらに自分の背広を持ってきて着替えさせる。夫を金持ちに見せかけて、ブラック・ジャックに不渡り小切手をつかませようというのだ。

　自分を詐欺師にするという計画に気付いた夫は、「ふざけるないっ」と激怒する。

　しかし、矢武井医師に「あんたの子どもを見ごろしにするのと あんたがブチこまれても子どもは助かるのとどっちがいいっ」と問われて、思わずポカンとしてしまう。

　そうこうするうちにブラック・ジャックが到着した。

　夫は大きな体に似合わず、緊張に震えて突っ立っている。背広は今にもはち切れそうだ。ブラック・ジャックと顔を合わせると、ぎこちなくお辞儀をし、慣れない手つきで慌

てて上着のポケットから小切手を取り出した。どう見ても、金持ちの仕草とは思えない。受け取ったブラック・ジャックはさっさと手術室へ。

こうして手術は始まった。

なかなか終わらない手術にソワソワしている夫。妻が声をかけた。

「この手術が終わったら……力が助かったら……あんた刑務所へ行くんだね……」

なおも時間はたつ。どうにも落ち着かない夫は、とうとう電話機に手をかける。

「そろそろ一一〇番へ電話すっか サギのことをよ……」

妻は慌てて止めようとする。

「なにいってんだよ あとでバレてからでいいんだよ……」

だが、既に夫は警察に話し始めていた。

「あー一一〇番かい サギだよ サギの連絡だよ」「あー三千万円のサギだ」

なぜかその表情は嬉しそうだ。

ちょうどそのとき、手術室からブラック・ジャックと矢武井医師が出てきた。警察に通報する夫の声は丸聞こえだ。〝マズイ！〟と思った様子の矢武井医師。その顔をチラリとだけ見て、ブラック・ジャックは母親に告げた。

「むすこさんは大丈夫です」

張りつめた空気から解放され、母親はへなへなとその場に座り込んでしまう。

そこにパトカーのサイレンが聞こえてきた。ブラック・ジャックは慌てて帰り支度を始める。「いかん あれはわたしをつかまえにきたんだ」。

父親は、そんなはずはないと反論する。自分を指さして言った。

「とんでもねえ先生 おれをつかまえにきたのさ」

しかし、ブラック・ジャックはいたずらな笑みを浮かべながら、「いや いやわたしだよ なにしろわたしは無免許医だからね」と、小切手を父親に返す。そして「矢武井先生 あとをよろしく」と言い残し、裏口からこっそり立ち去った。

（『ブラック・ジャック』第72話「サギ師志願」＝秋田書店 少年チャンピオン・コミックス8巻／電子書籍版5巻収録）

嘘は自分のためにつくことが多いものだが、この物語では皆が自分のためではない嘘をつく。思わず心が温まる話だ。

この物語が、押しの強い営業マンにいら立つ在庫管理部のDさんに、どんなヒントになるのか

【ここに注目】敵ではなく仲間だった

物語の前半では、夫婦が大喧嘩を繰り広げる。治療は諦めろと言う夫に、妻は息子が死んでもいいのかと詰め寄る。

夫にしてみれば、現実問題として手術代を払う金なんてない。無理に捻出しようとすれば、ただでさえ苦しい生活が崩壊し、一家心中も避けられない。だから結局、息子の命は諦めるしかない。そんなことがどうして理解できないのかと憤る。妻にしてみれば、息子のかけがえのない命を諦めるなんて、とても信じられない。せっかく診察してくれる病院が見つかったのだから、余計なことは考えず、まずは治療してもらうのが当然だと切り返す。

しかし、この夫婦は大事なことを忘れていた。それは「できることなら、子供を救いたい」という気持ちは同じだということだ。

2人とも「一家そろって幸せに暮らしたい」と、思っている。大きな目標は共通しているのだ。

ただ、緊迫した状況でとっさの判断を求められたとき、優先順位が少し違った。「視点のズレ」とも、呼べるかもしれない。

夫のほうは、「一家が暮らす」ための経済的基盤に重きを置いた。だから家族のためにも、家計の破綻を避けることを優先した。

一方、妻は息子が助かることに重きを置き、「一家がそろう」ことを目指した。かわいい息子を失って、どうして幸せになれるものか。家計など二の次ではないかと。

このとき2人は、お互いが敵のように見えていた。本当は仲間のはずなのに。

会社でも、似たようなことがよく起きる。

職場の事例で、在庫管理部のDさんと、ベテラン営業マンのEさんは、激しくいがみ合っている。けれど、同じ会社で働く以上、本当は同じ目標を共有しているはずだ。ただ、在庫管理と営業では立場が違い、見える世界が違う。そんな視点のズレが、優先順位の違いを生み、仲間を敵に変えてしまう。

在庫管理に責任を持つDさんとしては、イレギュラーな対応で現場や他部署に負荷がかかるのも、コストアップになるのも避けたい。一方、営業のEさんとしては、できるかぎり顧客の求めに応じ、売り上げを大きくしたい。

そんな2人の対立は解消できないのか。

こうした問題を解決するヒントが、物語の後半にある。

矢武井医師はおそらく、息子の治療を巡る夫婦の「視点のズレ」に気付いたのだろう。突拍子もないアイデアを提案する。夫が詐欺師になって、治療代を踏み倒すことだ。成功すれば、金銭的な負担なく息子の命を救うことができる。

家計を守れるなら、夫だって息子の命を救いたい。そのために自分が詐欺の罪を被るのは一向に構わない。むしろ嬉々として警察に捕まろうとした。

そんな夫の姿を目の当たりにして、妻の姿勢が和らいだ。自らの罪を電話で通報する夫に、「なにいってんだよ　あとでバレてからでいいんだよ……」などと声をかける。

だけどよ 善《ぜん》はいそげって いうじゃ ねえか
そんなに あせらなくっても どうせつかまるん だってば………
あ―― 一一〇番《ばん》かい サギだよ サギの 連絡《れんらく》だよ
あ―― 三千《ぜん》万《まん》円《えん》の サギだ
三千《ぜん》万《まん》円《えん》の 不渡《わた》り小切手《こぎって》をな つかませたんだ そうとも サギだよ だからつかまえに きてくんなよ
なに? だれがやったって? おれだよ おれ

息子のために奮闘する夫への、思いやりと連帯意識がにじむ。

ただ、このアイデアは、3人にある種の〝譲歩〟を迫るものだった。

詐欺師になった夫は警察に捕まることになる。それは妻にとっても痛みを伴うことだ。しかも夫の犯罪の片棒を担ぐことになる。共犯者になるという意味では、矢武井医師も無傷ではない。

それでも、皆が目標に向かって動いた。矢武井医師のアイデアは、互いが敵ではなく仲間だと思い出させ、譲歩の姿勢を生み出したのだ。

在庫管理部のDさんも営業のEさんも、敵ではなく仲間であることを思い出せないか。それができたら譲歩もできる。

例えば、イレギュラーな対応をする分、顧客と交渉して、発注単価を上げてもらえないか。あるいは別の顧客の納期を調整して社内負担を軽減できないか……。

お互いが譲り合うことで、双方が納得できる方法はありそうな気がする。

現実の世界には、矢武井医師のような機知に富んだアイデアをくれる助っ人はいない。お互いが協力して、絶妙な解決策を探すしかない。

だからこそ、立場の違いはあっても目標は同じだと、常に心に留めておきたい。

「在庫管理部としては、ここまでならできますよ」「それなら営業では、こんな手が使えるかもしれない」「ひとつ、あそこの部長に掛け合ってみましょうか！」――。そんな会話が交わせれば、気持ちよくいい仕事ができるのではないか。

ブラック・ジャックならDさんにこう言うだろう。

「私もつい、譲歩しちまったよ。なにせあいつら、サギ師にまでなろうとしているんだからな。3000万円か……。ちょっとやり過ぎたかな」

カルテ
KARTE
04

あれほど注意したのにミスするなんて

✓【ある職場で】新人教育に張り切るベテラン

「なんであいつらは人の話を聞かないんだ。あれほど『気を付けろ』って忠告したのに」。新入社員が起こしたトラブルを知り、Fさんは頭に血が上ってくるのを感じていた――。

Fさんは大学卒業後、創業間もないベンチャーに入社。それから10年、Webプランナーとしていくつもの新規事業を立ち上げ、今や会社の中核メンバー。執行役員を務めている。

その間、会社も成長した。10年前は新卒社員といえばFさん1人だったが、今年は

10人。そこで独自の新人教育プログラムをつくろうと、プロジェクトチームを立ち上げることになった。

そのプログラムの研修講師としてFさんに白羽の矢が立った。新卒採用1期生の経験が、新人教育に生きるだろうと期待されたのだ。

最初は乗り気でなかったFさんだが、プロジェクトリーダーが人事本部長のG先輩だと聞いて、やる気になった。G先輩は新人時代のチューターで、技術的な基礎知識からクライアントとのコミュニケーションの取り方、礼儀作法、さらにプロとしての心得まで、みっちり教えてくれた恩人だ。

「今度は俺が、教える側か。先輩には付きっきりで教えてもらったけれど、それでも結構、同じ失敗を繰り返したなぁ。今度の新人には、一発でミスなくできるようにしてやろう」

そんなことを考えながら、研修コンテンツを作り込んだ。技術的な基礎をまとめたテキストと練習問題、宿題を準備。さらに、現場に出て間もない時期にありがちな失敗を「新人NG集」としてまとめた。経験を踏まえて実践に役立つよう、熱意を込めた。

ところがいざ研修を始めてみると、いまひとつ新人の反応が思わしくない。

会社の名前も少しは知られるようになった今、入ってくる新人は、なかなかのつわものぞろいだ。学生時代にアプリ開発のコンテストに入賞していたりする。そんな彼らからすると、きめ細やかな指導が、うっとうしく思えたのかもしれない。NG集を見て「こんなミス、するかなぁ」とささやく声が聞こえたり、講義中に堂々と宿題をやる者が現れたりした。

「今どきの頭のいい新人には、簡単過ぎたか」。そう反省しながらも、Fさんはどこか納得できないでいた。「現実のビジネスは、理屈通りにはいかない。せっかく先輩が現場での経験を伝えているのをムダにするなんて……」。複雑な思いが募り、たびたびストレスを感じるようになった。

そんなところに、Fさんが怒りを爆発させる事件が起きた。

現場実習で新人が関わった仕事に、顧客からのクレームが入った。新人が書いたプログラムが顧客の要求する仕様と違っていたのだ。本人に尋ねると、「先方の担当者が複数いて、言うことがまちまちだから一番役職の高い人の要求に合わせた」という。そのことで窓口担当者が機嫌を損ね、トラブルになった。Fさんから見れば定番のミスで、「NG集」にも入れていた。「要求仕様に不明確な点があれば、自分一人で判断せず、必ず上司に相談する」と書いて、講義でも口を酸っぱくして忠告していた。にもかかわらず、それを無視して大失敗をしでかした、というわけだ。

怒りながらも責任を感じたFさんは、本人を連れて顧客に謝罪に出向き、何とか事なきを得た。

しかし、尻拭いまで引き受けたことで、Fさんの怒りは最高潮に達した。居ても立ってもいられずG先輩にこうぶちまけた。

「今の子に研修なんてしてもムダですよ。分かりきっているとばかりに話を聞かないんですから。かといって、このまま現場に出せば、クレームの嵐になるのは目に見えています。研修で新人教育をするのはもう諦めて、昔のように、マンツーマンでチューターを付けて仕事を教えたらどうですか。マンツーマンなら指示も無視しづらいですし、大きなミスは防げます。ただ、私はもうこの仕事から外してください」

この事例にブラック・ジャックのある一話を思い出した

ある一話 アリの足

小児麻痺で足の不自由な光男少年。自宅の庭先で車椅子に乗ってアリの行列を眺めていた。そこに列からはみ出し、遅れを取っている一匹の弱ったアリを見つけ、「アリさんがんばって!!」と、わがことのように応援するのだった。

やがて少年は血のにじむような訓練の末、杖をつけば、よろめきながらも何とか歩くことができるようになった。

そして、この病気の苦しみを訴えるべく、広島から大阪まで徒歩での旅に出ると決意する。

出発の日、多くの人が見送りに集まった。少年の背中には「ぼくは小児麻痺です　しかしなおすためにがんばっています　おなじ病気の

こどもへはげましをおねがい！」と書かれた看板を下げている。

少年は誰の力も借りず、自力で歩き抜くと宣言するのだった。

「着いた町から連絡しますからついてこないでください」

母親が足取りのおぼつかない息子を見て、思わず手を差し出すと、激しく拒絶した。

「ぼくはひとりでためしたいんだっ　じゃまをしないでくれっ」


旅の途中、宿の主人にこの挑戦のきっかけを明かす。それは、本間丈太郎医師の著書『ある身障者の記録』にあった。本間医師がかつて受け持った足の不自由な患者が、歩く訓練のために徒歩で旅したことが書かれたものだ。その記録に感動した光男少年は、自分も同じ道を歩こうと思い立ったのだと。

宿を出て山道を歩いていた少年は、車で尾行してくるブラック・ジャックに気付く。大金を巻き上げる悪徳医師という噂を聞いていたので、良からぬ動機があるのだと思い、追い払おうとする。

「それで名前を売りたいんならけいべつしますねっ」

「近づかないでくださいっ」

ちょうどそのとき、山火事が発生。辺りはみるみる煙に包まれてしまった。

どうして
ぼくのあとを
追《お》ってくるんです!!
なにか用《よう》ですか?
べつに
じゃあ
かまわないでください
ブラック・ジャック先生《せんせい》
知《し》ってるのか　わたしを
知《し》ってるよ
金持《かねも》ち専門《せんもん》の
お医者《いしゃ》でしょう

「(車に)のりたいか」と、ブラック・ジャックは声をかけるが、少年は拒否。

「じゃあ はいつくばってでも行くんだな!」と言い残し、ブラック・ジャックは走り去る。

その言葉に、少年はハッと気付く。

「そうか! ケムリは上へあがるんだ」

煙に巻き込まれそうなところ、這って進むことで難を逃れた。

ススだらけでへとへとになっている少年のところに、今度は暴走族が現れる。長旅に備えた全財産が入った財布をまんまと奪われてしまう。肩を落としてトボトボと歩き続ける光男少年。すると坂を上り切った先に何かが見える。道の真ん中に財布がぽつんと置いてあるではないか!

実は、ブラック・ジャックが暴走族から奪い返し、こっそり置いておいたのだった。

さらに歩を進めると、どこまでも続くかのような先の見えない上り坂が現れた。幾度となく座り込んでしまう少年。そこへ、再びブラック・ジャックが車で現れ、忠告する。この坂を越えるまでに必ず日が暮れる。だから引き返して野宿のための毛布を買うように、と。

少年は反発した。

「一日でのぼりきれない？　チェッ　カメの足だってウサギを追いぬいたんだ　見てろっ」

再び歩き始めた少年の背中に、ブラック・ジャックが畳みかける。

「この先のカーブでたぶん日がくれる」

「本間先生も知らないんだ　このことは」

「あのときはカーブの所に木があって　そこで寝られたが今はもう木はない」

少年が驚き、振り返る。このとき、初めて少年は悟った。あの本が記す、この道程を歩き通した身障者がブラック・ジャックであることを。

ブラック・ジャックは子供の頃に負った大怪我を本間医師に手術で治してもらい、リハビリのためにこの道を歩いたのだった。

「まさか　あの本の患者があなただなんて……」

少年が話を聞かせてほしいと頼むと、「きみはつきそいはけっこうだというんだろう」「ここは難所だぞ　あとはずっと平地つづきだ」と言って去ってしまった。

しかたなく坂道を上り始めた少年の足元にはアリが……。ここでもアリに勇気をもらった少年。しかし、容赦なく日は沈む。ブラック・ジャックの言った通りだった。あっという間に夜になり、辺りは漆黒の暗闇に。行く道をうっすらと照らすのは、道

ばかにするな
こんな坂《さか》ぐらい
……
ハア
ハア
フーッ
むりだと
思《おも》うよ
この先《さき》の
カーブで
たぶん
日《ひ》がくれる
このことは
本間丈太郎《ほんまじょうたろう》の
本《ほん》にもたしか
かいて
なかったと
思《おも》うね
ギョッ
あの本《ほん》をあなたも
読《よ》んだんですか?
本間先生《ほんませんせい》も
知《し》らないんだ
このことは
あのときは
カーブの所《ところ》に木《き》があって
そこで寝《ね》られたが今《いま》は
もう木《き》はない
まさか……
じゃあ……
あの…本《ほん》の…
患者《かんじゃ》ってのは
……
まさか
あの本《ほん》の患者《かんじゃ》が
あなただなんて
……

端にポツンポツンとともる街灯だけだ。その明かりを頼りに歩く少年が道端に何かを発見し、思わず声を上げた。

「毛布がある!!」

明らかにブラック・ジャックが用意してくれたものだ。少年の胸にさまざまな思いが去来し、その場に立ちすくんでしまった。

こうして、ようやくたどり着いた大阪のゴール地点には、たくさんの人が待ち構えていた。

一人きりでやり遂げたと、盛大にたたえられる少年だったが、その表情は気まずさでいっぱいだった。

(『ブラック・ジャック』第46話「アリの足」＝秋田書店 少年チャンピオン・コミックス5巻／電子書籍版2巻収録)

努力して成果を出し始めると、何でも一人でできると勘違いしてしまうことがある。身をもって自分の浅はかさに気付かされた少年の姿を、他人事ではないと思う人もいるのではないだろうか。

この物語が、「忠告を無視してミスする新人」に憤るFさんに、どんなヒントになるのか

ここに注目 失敗しないのが良いことなのか

懸命に歩くアリの姿が重要なモチーフとなっているこの物語。著者の手塚治虫が付けたタイトルは「アリの足」。手塚は本名の「治」に「虫」を付けてペンネームにしたほどの昆虫好きだ。アリの姿に何を託したのか。

アリはエサを見つけると「道しるべフェロモン」という、特有の匂いを持つ分泌物を出すという。そしてこれを地面に付けながら、エサを巣に持ち帰る。その匂いをたどれば、仲間のアリも、効率的に餌に行き着くことができる仕組みだ。

ブラック・ジャックと光男少年の関係は、さがなら道しるべを残したアリと、それをたどる仲間のようなものだ。なぜブラック・ジャックはわざわざ光男少年の様子を

見にきたのか。少年の足を本当の意味で機能させることを目指す行為のようにも思える。また、自分と同じ道をたどって成長を目指す後輩を支援しようという、先輩としての責任感が働いたのかもしれない。

職場の事例で、今や執行役員というFさんも、先輩たちからいくつもの道しるべを受け取ってここまできた。会社の未来を担う新人たちに、実体験から学んだことを伝え、道しるべを残そうと張り切った。その気持ちは尊い。

しかし、誤算があった。人間はアリと違って忠実に道しるべをたどるとは限らないということだ。人間には意志がある。反発心もある。何かを習得して自信を得た時期ほど、人の言うことを素直に聞かなくなるものだ。病を克服して自信が芽生え始めた光男少年のように。学生時代にコンテストで入賞したというFさんの会社の新人たちもそうだろう。そういう若者は、細かく指示されるのを嫌うもの。Fさんは今の新人たちが、昔の自分と同じように懸命に道しるべをたどってくれるもの、と期待しないほうがいいだろう。

そしてもう1つ、人間がアリと違う点がある。

道しるべの通りに歩くことが、果たして本人の成長につながるのか、という点だ。

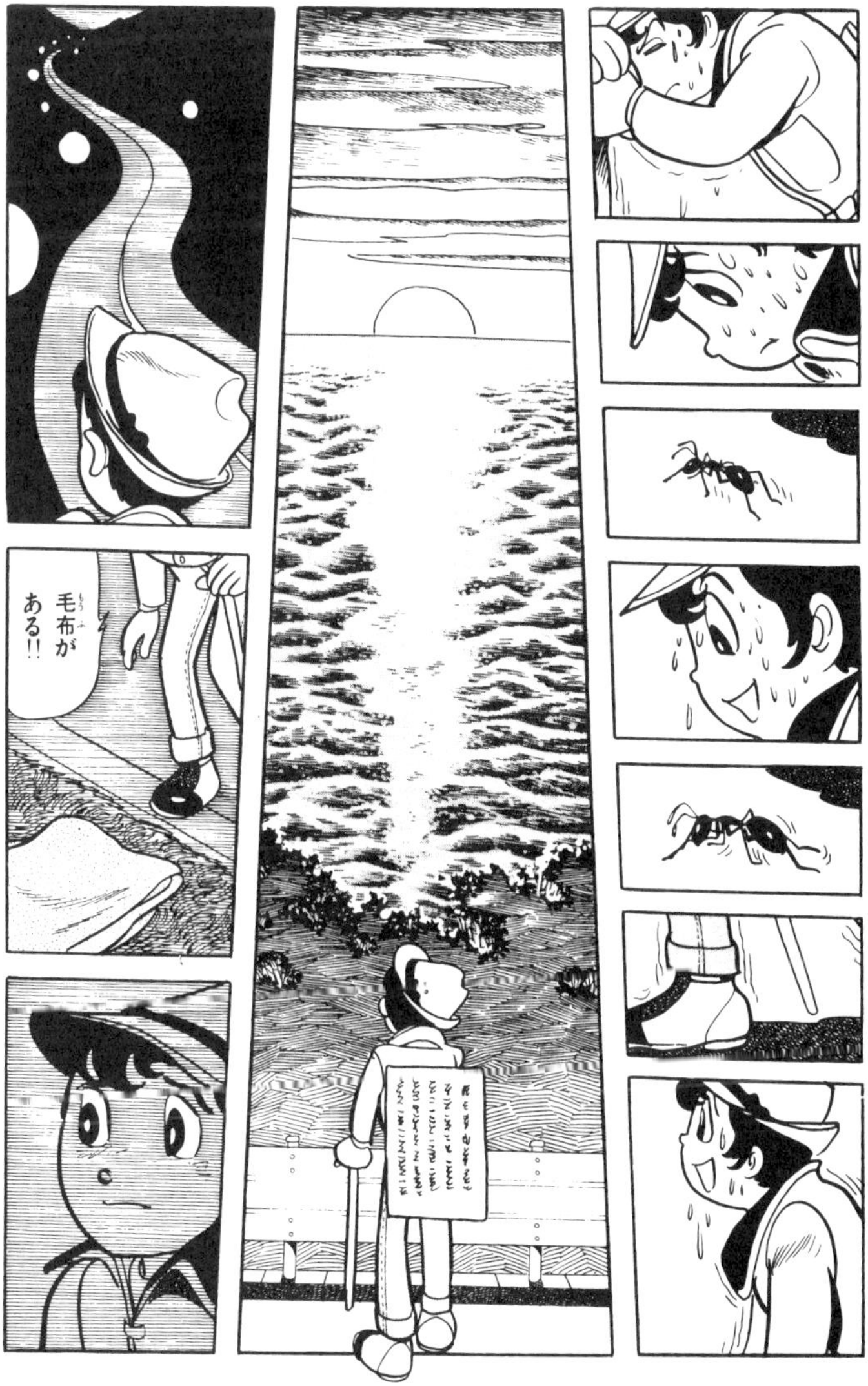
毛布《もうふ》がある!!

横道にそれたり遠回りしたり、紆余曲折があってこそ、身に染みて分かることがある。自分の知識と経験では太刀打ちできない現実に直面して初めて、まだまだ甘かったのだと思い知るもの。若者の無謀な行動は、次世代にとっての新しい道しるべとなる可能性だってあるのだ。

そうはいっても、取り返しのつかない失敗は避けたい。

物語の中のブラック・ジャックは、この点で、絶妙なバランス感覚を見せる。自信たっぷりの光男少年に対し、自分の意見を押し付けることは決してしない。ここぞというタイミングで、適度な手助けをするのみだ。

まず、山火事に巻き込まれてもなお、他人の助けを拒絶する光男少年を無理に従わせようとはしなかった。その代わり、命を落とさない程度の助言をさりげなく残した。そして、暴走族に襲われるのもあえて見過ごし、盗まれた財布はこっそり取り返してやった。痛い目に遭わせ、挫折を経験させながら、致命的なピンチにはそっと手を回し、どうにかこうにか目標達成の目鼻を付けてやった。忠告を拒絶されることも想定して、相手に自主性を発揮させる部分と、自分が手助けすべき部分の落としどころを見極めていた。

こうしてゴールしたときの少年が得た称賛と、本人だけが知るバツの悪さは、彼が次のステップに踏み出すための大きな糧となるはずだ。

ブラック・ジャックならFさんにこう言うだろう。

「アリのように途切れなく道しるべを残す必要はない。夜道の街灯のように要所要所を照らすくらいがちょうどいい。何より失敗するチャンスを奪わないことだな」

第
2
章

部下のボヤキ

カルテ KARTE 05

上司の評価に納得できなくて

【ある職場で】同期に先を越された中堅社員

Hさんは大学院を出た後、シンクタンクに就職。5年目になる。

昨年、同期のIさんが人事異動で同じ部署にやってきた。彼とは専攻分野が比較的近く、学生時代から研究会などで会う機会があった。当時は研究者肌で他人には関心が薄い、どちらかといえば協調性に乏しい印象だった。Hさんも似たタイプなので、何となく親近感を抱いていた。

だが、久しぶりに会った彼は、すっかり変わっていた。爽やかで明るい。毎朝、研究スタッフの一人ひとりにしっかり挨拶し、小さなことでもお礼の言葉を忘れない。同僚の顔と名前をすぐに覚え、家族の話で盛り上がったりしている。

今の部署の研究は、Iさんには新しい分野で苦労もあるようだが、愚痴ひとつこぼさず勉強に励んでいる。同時期に入った新人に声をかけては、連れだって詳しい先輩に質問に行く。そうやって謙虚に学び続ける姿が、若手のいい刺激にもなっているようだ。年齢的にも若手とベテランの中間なので、研究スタッフの間でコミュニケーションの潤滑油的な存在だ。彼が来てから職場の雰囲気が随分良くなった。

こうして1年がたった今年の春、Iさんは、ある重要な研究プロジェクトのリーダーに指名された。

Hさんは違和感を覚えた。この部署に来て間もないIさんが、自分より先にリーダーになるなんて。それに、その研究テーマに一番精通しているのは、この部署で間違いなく自分だという自負もあった。関連する論文をこれまでに何本も出している。「それなのに、なぜ?」と思う。

ふと気付いた。Iさんを抜擢した上司はもともと研究者ではなく、管理部門出身だ。だから、自分とIさんの研究実績の差がよく分からなかったのだろう。

このまま不満を抱えていてはいけないと思い、Hさんは自分の考えを上司に伝えることにした。人事評価面談で、これまでに自分が出した論文の数と内容などを具体的に示し、「我々は研究職である以上、評価基準も研究実績を主軸にするべきではないか」という旨、やんわり話した。そうやって、Iさんの抜擢に納得していないことを伝えようとしたのだ。

しかし、上司は「研究職だからといって、研究だけで評価するのはどうなのかなぁ……」と、同意できない様子だ。

数日後、上司はHさんの業務を一部変えたいと打診してきた。これまで与えられていた研究テーマを1つ減らす代わりに、派遣スタッフの管理を任せたいという。「リーダーシップを発揮してほしい」とのことだが、Hさんは屈辱だと感じた。何が不満で、自分から研究を取り上げ、雑務を押し付けようとするのか。同期と比べて、不公平ではないか。

上司に失望したHさんは、学生時代の研究室の先輩と飲みに行って愚痴をこぼした。「同期でね、自分より明らかに実績がないのに評価されているヤツがいるんですよ。確かにいいヤツなんですよ。人当たりが良くて。だから上司にすれば使いやすいんでしょうけど、そこで評価するのはどうかなって、僕は思うんですよね。あの人は自分で研究をしたことがないから、分からないんだろうなあ……」

この事例にブラック・ジャックのある一話を思い出した

ある一話 病院ジャック

ある病院で一人の子供の手術が始まる。執刀医はブラック・ジャックだ。

腹部にメスを入れたそのとき、ライフル銃を持った覆面の男たちが乱入。手術を中断させた。テロ組織のメンバーだ。彼らはこの手術室だけでなく、病院全体を占拠した模様。目的は、自分たちの要求を政府に受け入れさせること。病院ジャックだ。

メスを入れた患部は大きく開いたまま。その傷口をふさごうとするスタッフに、男が銃を突き付ける。

「そのままその患者に手をつけるなっ」

そしてブラック・ジャックに、患者の命がどのくらい持つかを尋ねた。

「ジワジワ出血するし麻酔もさめる よくもって一時間だぞ」

その回答を、男はトランシーバーで幹部に報告した。するとテロ組織は、政府に対し、1時間以内に要求をのむよう伝えた。さもなければ、手術を中断させられた患者は死ぬ。さらに攻撃などの動きがあれば、病院の電源を破壊するという。電源が失われれば手術中の患者だけでなく、すべての入院患者の命が危険にさらされる、というわけだ。

「しょくんの運命はただ……政府の回答いかんにかかっている！」

患者を救いたい手術スタッフは、ブラック・ジャックに打開策を相談する。しかし、彼は「どうにもならないじゃないかね 待つよりしようがない」と、そっけない。そして麻酔で眠る子供の患部をじっと見つめる――。

「カッチ カッチ カッチ」

病室に時計の音が響く。焦るスタッフたちはブラック・ジャックに再び声をかける。だが、彼は一言も返さず、切り開かれた患者の腹部を凝視したまま動こうとしない。あきれたスタッフたちは口々に言う。「話にならん」「あの人ウワノソラだ」……。

しびれを切らした1人が、テロ組織の男に交渉を試みる。

「手術をつづけさせてくれれば、きみたちを安全に脱出させてあげるし できるだけ

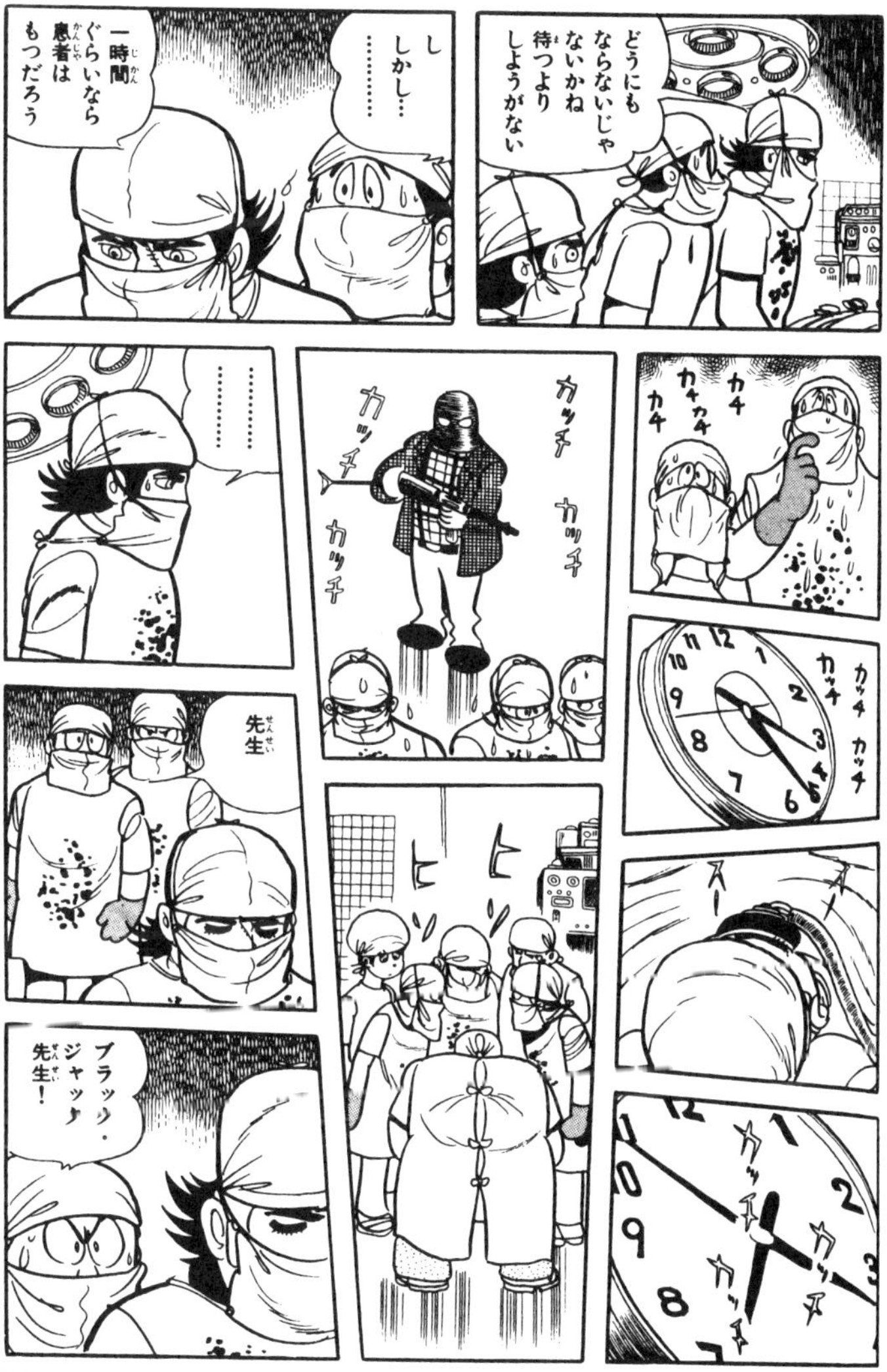
どうにもならないじゃないかね待《ま》つよりしようがない
し しかし………
一時間《じかん》ぐらいなら患者《かんじゃ》はもつだろう
カチ カチカチ カチ
カッチ カッチ カッチ カッチ
………
カッチ カッチ カッチ
先生《せんせい》
ヒ ヒ
スー
カッチ カッチ カッチ
ブラック・ジャック先生《せんせい》!

の便ぎをはかってあげよう」

ところが、それがかえって相手の機嫌を損ね、スタッフ同士の会話すら禁止される。緊張と静寂に包まれた手術室で膠着状態が続く。

そんな中、テロ犯の一人が一瞬の隙を見せた。ここぞとばかりにスタッフが銃を奪おうと飛びかかるが、背後に別のメンバーが隠れていて、あっさり阻止される。

「おっと 待った 手を上げろ 動くなっ」

反撃もこれまでか……。こうしてスタッフが右往左往する間も、ブラック・ジャックは沈黙し、ひたすら患者の腹部を見つめて微動だにしない。


その直後、テロ組織の幹部による館内放送が流れた。

「同志よ 計画は失敗した!! 引き揚げだ!!」

「われわれは報復処置として この病院の電源を爆破する!」

テロ組織のメンバーは全員、逃亡。同時に電源が破壊され、すべての照明が消えた。真っ暗な手術室。スタッフたちは狼狽し、ドアを開けようとするが開かない。分厚いドアの向こうから、逃げるテロ組織と、病院に突入してきた機動隊が争う音が響く。

暗闇の中、放置された患者には命の限界が迫っていた。

誰もが手術を諦めかけたそのとき、ブラック・ジャックが沈黙を破った。

「オペはつづける」「手さぐりでわたしに器具をわたせ」

指示する彼の額にも緊張の汗が……。

「先生　いくらなんでも無理です　もしミスったら大出血ですよ！」

心配の声をよそに、ブラック・ジャックは手術を再開した。

「さっきから一時間　わたしは万一のときを思って　クランケの患部だけをずーっと見つめていたんだ　だからいま　まっくらでも頭ん中にはっきり患部のこまかい所ま

でわかるんだっ」

暗闇の中で続く手術。そして最後の縫合が終わった直後、電源が回復し、照明がついた。

「あっ ついたっ ついたぞっ 患者はっ」

患部を確かめたスタッフが驚嘆の声を上げる。

「完全だ ま…ま まるで神わざじゃ」

手術室に拍手が湧き起こる。こうして子供の命は救われた。


しかし、電源を失った院内では結局5人の患者の命が奪われた。

病院を出るブラック・ジャック。連行されるテロ犯たちを見て、力なくつぶやいた。

「たいしたやつだな……簡単に五人も死なせるなんて こっちは……ひとり助けるだけで せいいっぱいなんだ……」

（『ブラック・ジャック』第95話「病院ジャック」

こっちは……
ひとり助けるだけで せいいっぱいなんだ……

＝秋田書店 少年チャンピオン・コミックス11巻／電子書籍版7巻収録）

犠牲が避けられなかった不条理な現実。ただ、ラストシーンには勇気ももらえる。ブラック・ジャックですら「ひとり助けるだけでせいいっぱいなんだ……」とつぶやいた。日々の仕事を頑張る意義はあると感じさせてくれる。

この物語が、同期の抜擢に複雑な思いを抱くHさんに、どんなヒントになるのか

ここに注目　相手を変えるのは至難の業

物語の中で、テロ組織のメンバーと手術スタッフは押し問答を繰り広げる。テロ組織は、政府に要求をのませるために、病院スタッフに銃を突き付け、患者の命を危険にさらした。一方、スタッフは、そんなテロ組織に何とか手術を続けさせてもらおうと交渉を持ちかけたり、反撃の隙をうかがったり、あらがい続けた。

しかし、いずれの試みも成功せず、出口の見えない膠着状態が続いた。

それは、テロ組織も手術スタッフも、自分の要望を相手に通すことに終始したからだろう。

他人の考えや行動を変えるのは至難の業だ。もしできたとしても、自分の思い通りには変わらない。

そこでブラック・ジャックはどう対応したか？

自分たちの運命は、政府の回答いかんに懸かっている――。そうテロ組織に告げられた瞬間、彼の動きが変わった。最悪の場合、電源が失われる。その最悪の事態に至ってもなお、患者の命を救うべく、最善の手立てを尽くす決意をした。すなわち暗闇でも手術を成功させるため、患部を克明に記憶して執刀する難手術に挑んだというわけだ。孤独で静かな闘いの末、子供の命は救われた。

もちろん、当初の段取り通りに手術できれば、そのほうがいい。だが、テロ組織がこれからどう動くか、政府がどう反応するかは、ブラック・ジャックをしても推測が立たない。

そんな現実を素直に受け入れたのだった。

他人は「変えられない」が、自分の行動は「変えられる」。この1点を心得ていたブラック・ジャックは、即座に最悪の事態に備えるべく、自分の手術の仕方を変えた。

職場の事例のIIさんは、上司の評価基準を変えようとしたが、うまくいかなかった。

Iさんはどうか。学生時代と印象が大きく変わったということは、どこかで意識して自分を変えたのだろう。学生ならば研究をしているだけでよかったかもしれないが、社会人となれば、研究職でもそうはいかない。組織として成果を上げようとする以上、チームワークが求められる。気の合わない人や価値観の違う人とも折り合いをつけていかなくてはならない。それに気付き、協調性を高める努力をしたのだろう。Hさんも気付いているはずだ。

Iさんの明るく前向きで、オープンな姿勢が職場を良い方向に変えていることに。その点を上司が高く評価し、Hさんにも身に付けてほしいと願っていることに。新しい業務のアサインにそんな狙いがあることも。

けれど、今の自分に欠けているこの素養が重要であると、Hさんは真正面から受け止められずにいる。認めれば、自分を変えなくてはならない。そこに抵抗を感じるのは、程度の差こそあれ、誰でも同じだろう。

何もブラック・ジャックのように、いきなり難手術に挑めというのではない。まずは、上司にアサインされた新しい業務を前向きに受け入れてみてはどうか。「派遣スタッフの管理業務、ぜひやってみたいです」と答えてみよう。社会人を続ければ、いつかリーダーシップを求められる。最初からうまくできなくても、いい練習になったと思えばいい。

少なくとも「自分を変える」ことは、「他人を変えよう」と躍起になるより、確実に状況を前進させるはずだ。

ブラック・ジャックならHさんにこう言うだろう。

「私だって暗闇の中で手術なんてしたくないさ。だが、いつ変わるか分からない相手を待つより、早くて確実だからな。ただそれだけだ」

カルテ
KARTE
06

ミスを部下に押し付けるなんて

ある職場で　疑心暗鬼に陥った期待のホープ

小売チェーンの経営企画室で働くJさん。社内で出世コースとされるこの部署に配属されて5年になる。仕事は速くて正確。人当たりもよく、現場からの信頼も厚い人物だ。

だが最近、「ちょっと様子がおかしい」と噂になっている。

きっかけは半年ほど前の出来事だろう。海外進出の大型プロジェクトが頓挫し、会社に多額の損失が出た。後から主な原因の一つとして挙げられたのが、経営企画室がまとめた市場予測が大きく外れたことだった。Jさんも、そのリポート作成に関わっていた。チームリーダーの上司の指示に従って統計データに当たり、分析を行った。だが、そのとき上司が選んだデータがそもそも信頼性の低い、不確かなものだったのだ。

しかし、役員会議での報告の席上、上司はその不正確なデータを選んだのがJさんであるかのように説明した。その場にいたJさんは驚き、戸惑った。

「きっと気が動転して、口が滑ったのだろう。後から『誤解を招く表現だった』などと、フォローしてくれるはず……」

そう考え、あえて口を挟まなかった。しかし結局、上司からは何のフォローも謝罪もなかった。

その結果、市場予測が外れた責任はJさんにある、というイメージが広がった。それ以来、Jさんには心なしか、役員たちの自分を見る目が冷たく思える。

その後も何事もなかったかのように接してくる上司。

Jさんにはそれが釈然としない。

そんなネガティブな気持ちを払拭しようと努力もした。「上司に言われるままデータの信頼性を確かめなかった自分にも責任はあるし、ささいなことといえばささいなことで、向こうには悪気すらなかったのかもしれない……」と、考えてみたりした。けれどJさんは、自分でも意外なほど傷ついていた。上司の顔を見るたびに会議での出来事が思い出され、どうしても怒りの気持ちが湧いてくる。

転職も考えたが、たった一人の上司への不満にすぎない。そのうち人事異動もあるだろうと思いとどまった。ただ「もう二度と他人のミスを押し付けられるのはごめんだ」という思いは拭えない。

この頃から、Jさんは責任の明確化を心掛けるようになった。思い返せば、問題のデータについて上司から指示を受けたときは口頭での伝達だった。あれがメールだったなら、役員などに転送して、責任は上司にあるとやんわり伝えられたはず。そんな思いがあった。

だから、上司がいつもの調子で話しかけてくると、Jさんは「メールにしてください」と応じるようにした。他のチームメンバーなどとの打ち合わせの後も、「確認のため、議事録をサーバーにアップしましょう」と提案した。最近では、自分が関わるプロジェクトについてエクセルファイルをつくり、誰がどの意思決定を下したのかを、その都度記入するようメンバーに求めている。

そんな言動に、「さすがに細か過ぎるのではないか」と、同僚たちも戸惑いを隠せない。Jさんが責任の所在にうるさくなった頃から、持ち前の人当たりの良さも影を潜め、現場との関係もギスギスし始めた。

そんな変化にJさんも気付き、「このままではまずい」と、自分でも感じ始めている。しかし、心のわだかまりはずっと尾を引く。どうしたものかと悩んでいる。

この事例にブラック・ジャックのある一話を思い出した

【ある一話】笑い上戸

ブラック・ジャックが医学生になる前のこと。やたらと大声で笑うことから「ゲラ」と呼ばれる同級生がいた。大げさな笑い声が学校中に響き、皆が思わず笑顔になってしまう。その不思議な力で、学校から〝ネクラ人間〟がいなくなったほどだ。

だが、一人だけ暗い表情を崩さない生徒がいた。ブラック・ジャック少年だ。授業を抜け出し、一人、ダーツの練習に明け暮れる彼にはゾッとするような冷たさがあり、誰も彼に近付かない。

　けれどゲラだけは笑って話しかけるのだった。その明るさにブラック・ジャック少年はいらつき、ゲラにきつく当たっては追い返していた。それでもしつこく冗談を飛ばしながら話しかけてくるゲラに、ブラック・ジャック少年はあるとき興味を持った。

「あいつ どういう育ちなんだ いったい」

　こっそりと、下校するゲラの後をつけた彼は、古いアパートに行き着いた。隣人によれば、ゲラの両親は借金の取り立てに追われた末に、ゲラを置いて夜逃げしてしまったそうだ。家財道具もあらかた借金取りに持ち去られた寂しい部屋に、ゲラは一人で暮らしているという。

それを知ったブラック・ジャック少年は、校庭でゲラを問い詰めた。どうして泣かないのか、どうして怒らないのか、と。

「そんな親が憎らしくないのかっ 子どもをほっといて逃げる親がっ」

ゲラは答えた。

「どうして? 泣くなんてムダじゃない アハ 怒ったって疲れるだけじゃない」

ブラック・ジャック少年にもつらい過去があった。かつて不発弾の爆発事故で重傷を負い、奇跡的に生還した。だが、自分をかばった母は手足を失い、人形のように動けなくなってしまった。そんな母を父は見捨て、他の女と逃げた。母は亡くなり、たった一人残されてしまったのだった。

以来、笑いを忘れ、ただ復讐するためだけに生きてきたのだ。

そんな過去をゲラに明かした。

「ダーツを必死で練習してるのも おれの復しゅうの相手を一刺しで殺してやりたいからだ」

憎しみをあらわにする彼に、ゲラは穏やかに笑いながら言った。

「もったいないなァ……」「せっかくいいお医者がキミをちゃんと治してくれたのに……」「ほら よく一家心中ってあるじゃん」「親が子どもを道連れにして死ぬじゃん

でもさァ　ぼくの親はぼくを道連れにしないで　ちゃんと……」「生かしといてくれたよ　それだけでも感謝しなくちゃ」

似たような境遇にありながら対照的な2人は、やがて心を割って話せる仲になっていった。

ある日、ブラック・ジャック少年がアパートを訪ねると、ゲラはマンガを描いていた。マンガ家になって人を笑わせたいのだと将来の夢を語る。

「なァ　動物は泣くとか怒るとかはできるけど……笑うことだけはできないんだってさ　笑いは人間だけが持ってる感情だってさ」「だから笑えるってことは高等動物なんだってさ」

そこへ借金取りの男たちがやってきた！

親の居場所を吐けとゲラに暴力を振るう。

ブラック・ジャック少年がとっさに反撃、ダーツの矢を放った。それは見事に相手の拳に命中したが、その矢を抜き取った男はそれをそのままゲラの胸に突き刺してしまう！

苦しみもだえるゲラ……。

搬送先の病院で、ブラック・ジャック少年は自分を責めた。

「……おれの凶器だ　おれが刺したのも同じだ…」

学校からゲラの笑い声が失われた。火が消えたような寂しさだ。

その後もゲラの容態は回復せず、転院を重ねて遠くの療養所へ移された。

8年後、医者になったブラック・ジャックはゲラを探す。海辺の療養所でやっと再会できたゲラは痩せ衰え、しゃべることもままならない。あれ以来一度も笑えない状態だという。

「この腕でキミを手術したかった　やっとそれがかなう腕になったん

だぜ……」

念願の手術を執刀し、人工気管支の接続を成功させたブラック・ジャック。術後のゲラに、「マンガ家になってほんとの笑いを与えるんだ」と伝え、「おれも近ごろやっと高等な動物になりかかってきたよ」と言い残して別れた。

ところが後日、ゲラが二次感染の高熱により死亡したと、療養所の主治医から電話が入った。受話器を握り締めてがっくりうなだれるブラック・ジャック。電話の向こうの主治医はこう付け加えた。

「あの患者は死期を悟ったのでしょうか 高熱にうなされながら 急に笑いだしたんです」

その笑い声はすごく明るく、スピーカーのように療養所の外にまで響きわたったのだと。

「笑い終わるとすぐ息をひきとりました 先生の手術のおかげで笑えたのです……」

ブラック・ジャックは深く肩を落とし、そのまま凍りついたように窓辺にたたずんでいた。

（『ブラック・ジャック』第２２４話「笑い上戸」＝秋田書店 少年チャンピオン・コミックス24巻／電子書籍版21巻収録）

ブラック・ジャックの成長を見届け、最期を「笑い」で迎えたゲラ。悲しい中にも未来への明かりが見える結末だ。

この物語が、ミスを押し付けた上司へのわだかまりを持て余すJさんに、どんなヒントになるのか

ここに注目 感情は変えられなくても、行動は選べる

物語におけるゲラの「感情と行動」に注目してみよう。

両親がゲラを一人残して夜逃げしてしまったとき、そして話しかけたブラック・ジャック少年に冷たく追い返されたとき、ゲラが「悲しみ」や「怒り」の感情を全く持たなかったわけではないだろう。それらの感情をストレートに行動に表し、ふさぎ込んで引きこもったり、自暴自棄に誰かに八つ当たりしたりしてもおかしくない。

しかし、彼は違った。そこであえて、「笑う」という行動を自らの意思で選んだのだ。そこには、過酷な境遇を乗り越えようとする強い意志が感じられる。そんな彼の姿が、周囲を変えた。彼の笑い声は学校中を明るくした。凍てついたブラック・ジャック少年の心をも溶かした。

ゲラはさらに、大きな夢を抱いた。マンガ家になって「笑い」を広めよう、と。自分なりに、世の中をより良くしようと決意した。

一方、ブラック・ジャック少年は、ゲラとは対照的だ。

悲惨な境遇に置かれた彼もまた、悲しみや憎しみの感情を抱いた。だが、ゲラと違って、その感情をストレートに行動に表した。暗い面持ちで、他人がゾッとするような冷たさを放ち、復讐のためのダーツの練習に明け暮れた。おそらく彼には、そう行動するよりほかに選択肢があるなど、思いもよらなかったのだろう。

その結果はどうなったか。

復讐のために練習したダーツで、親友のゲラに致命傷を負わせる悲劇を生んでしまった。

感情に翻弄された行動は大抵、不本意な結果しか生まない。

同じように不幸な境遇に置かれ、傷ついた2人。だが、そこで取った行動によって、

その後に大きな違いが生まれている。

　職場の事例で、上司にミスの責任を押し付けられたと憤るJさん。怒りと落胆の感情を抱き、その感情をストレートに行動に示した。二度と同じ思いはしたくないからと、同僚のすべてを半ば敵視し、責任の所在を事細かに記録しようと躍起になった。そのことが周囲との関係に悪影響を及ぼし始めている。

　確かに一度抱いてしまった感情を変えるのは難しい。しかし、感情に翻弄された行動を取るばかりでは、望ましい結果は得られないだろう。Jさんの疑心暗鬼は周囲に不信感を生み始めている。Jさんはこのまま孤立してしまうかもしれない。まるで、殺気立っていた頃のブラック・ジャック少年のように。

もしゲラがJさんの立場なら、どんな行動を取るだろうか。感情を変えることは難しくとも、その後に取る行動ならば、選ぶことができる。わだかまりの原因となった、責任の所在。この点を明確化するにしても、自分の身を守ろうと躍起になるのとは違うやり方を選ぶのではないか。他の社員が自分のような嫌な思いをしないようにと考え、行動するのではないか。物語の中で、笑いを広めるべく、マンガ家になろうとしたように。

「ほら、記録しておけば、何かあったときに役立つよ」

笑顔でつくった程よい情報管理体制は、責任転嫁する上司への確かな抑止力になるだろう。

「だってギスギスしちゃったらムダじゃない。疲れるだけだよ」

そんなゲラの笑い声が聞こえるようだ。

物語のゲラは「笑う」という行動を選択した。さらに自分だけでなく、周りのつらさも和らげるべく行動の選択肢を広げた。マンガ家を目指したことだ。それに倣うことで、「復讐」しか頭になかったブラック・ジャックは「医者になる」選択肢を思いつくことができたに違いない。

ブラック・ジャックならJさんにこう言うだろう。

「感情に翻弄されて動くなんて子供だな。高等動物らしい選択肢を増やすことだ。そこにエネルギーを使えよ」

カルテ KARTE 07

それって私がやるべき仕事でしょうか?

ある職場で　法務のプロになりたい若手社員

Kさんは電機メーカーに入社して3年目。法務部に勤めている。

大学時代は、法律事務所でのアルバイトに熱中した。卒業後は法科大学院に進学し、弁護士になりたいと思っていたが、お金がかかるので迷っていた。

そんなとき、アルバイト先の上司から紹介を受けたのが、今の勤務先だ。

面倒見のいいその上司は、こう言ってくれた。「このままこの事務所でアシスタントとして働きながら、弁護士を目指してもいい。だけど、君さえよければ、私の顧問先に法務部の仕事がないか、尋ねてみようか。実務経験を積みながら学費を貯めるのも悪くないと思うよ」。

こうしていざ企業法務の世界に飛び込むと、想像以上に面白かった。海外も含めたM&A（合併・買収）案件が次々に舞い込み、契約書のチェックやコンプライアンス体制の見直しなど、専門性が高い業務が目白押しだ。大いにやりがいを感じていた。

ところが今年、人事異動で法務部長が変わってから風向きが変わった。

新しい部長は、人事部からやってきた。「人材育成の一環だ」と言って、何かと法務と関係のない仕事をKさんにやらせようとする。

先月は「営業に同行して、契約内容の説明を手伝ってきなさい」と、命じられた。しかし、いざ同行すると、営業社員も契約内容の説明は何度も経験していて、すっかり慣れている。Kさんは特にやることがなく、ただ隣に座っているだけ。帰り道、同行した営業社員から「次は来てくれなくて大丈夫ですよ」と、言われてしまった。

Kさんは面白くない。「こっちからお願いしたわけじゃない！　営業同行なんて専門外だし、やりたくもない」と、心の中で言い返した。

営業に同行してみたものの「ありがた迷惑な感じでした」と、部長に報告すると、「もうちょっと商品のことを勉強しないと、現場では役に立たないのかもしれないね」と言われた。しばらくすると今度は、商品カタログを制作する部署に応援に行くように命じられた。部長は、「向こうは今、忙しい時期でさ。君にとっても、我が社の商品を深く知る、いいチャンスだよ」と言って、上機嫌でKさんの背中を叩く。

けれど、法務部もヒマなわけではない。他の法務部のスタッフは、顧問弁護士との打ち合わせなどで忙しくしているのに、なぜ自分だけが、そんな専門外の仕事をしなければならないのかと、いぶかしく思う。

ちょうどその頃、法科大学院に進学した同期と飲む機会があった。

「部長に営業同行をやらされたんだ。営業なんてしたことがないから、何を話していいか分からないし、一緒に行った営業の人にも煙たがられるし、散々だったよ。その上、今度はカタログ制作を手伝えだってさ。何を考えているんだか……」と、愚痴るKさんに、友人は同情してくれた。

「それって、法律家がやるべき仕事なのかなあ。確かに気が重いよね」

こうして自分の気持ちを理解してくれる人と話すと、少し気が楽になった。

とはいえ、部長の方針が変わるわけではない。Kさんも専門外の仕事をやらされることには、相変わらず納得できない。このまま法務の仕事に専念できないのなら、辞表を出して法科大学院に行こうか。Kさんは、そんなことを考え始めている。

この事例にブラック・ジャックのある一話を思い出した

ある一話　三者三様

うつろな目をした少年が陸橋から線路を見下ろしている。そこに地下足袋姿の男が通り掛かり、声をかけた。

「あんた……もしやヒョンな気を起こしとるんじゃねえだろうな」

ハッとして立ち去ろうとする少年。男は「あんた入試に落ちたんだな」と言う。図星だった。

男がしつこく話しかけるうち、２人とも同じ九州出身だと分かった。

「おたがいに北海道までよくきたもんだなー」

そう言って男は、少年を仲間の日雇い労働者が集まる食堂に連れてきた。タバコの煙が立ち上る中、立ったまま朝飯をかき込む、いかつい男たち。慣れない場所に少年はまごつきながら、高校受験に失敗したショックで帰る気になれず、何日も北海道にとどまっていると明かした。

「生きるか死ぬかの入試なんだ　おちたらぼくにとってはもう死んだも同じなんだ」と肩を落とす。そんな少年を、男は口から飯粒を飛ばして、怒鳴りつけた。

「生きるか死ぬか？　バカ　そんな言葉はオイソレと使うもんじゃねえよ」

少年もムキになる。「そりゃあ　あんたの世界とはちがうだろうけど　一流校に入るために　どんなに苦労してるか…戦争と同じだい！」。

だが食堂を出た少年は、背を丸めて力なく座り込んだ。

「パパがどうしてもぼくを医者にするって」

男は隣に腰を下ろし、道行く人を指さした。

「あん中の何人が一流校を出たと思う」「出ちまえァ　一流だろうが三流だろうが見分けつかねえよ　ダメなやつはダメだしよ」

少年は「親はどうしても……メンツもあるし…」と目を伏せる。

「メンツねえ　メンツだけでメシくっていけるかよ！」

そう言うと男は立ち上がって、日雇い労働者が並ぶ列に入っていった。戻ってくるなり「今日のメシにありついたぜ」と上機嫌だ。ある町の道路工事の仕事にありつい

え？どっからきた？
宮崎《みやざき》
へーッ九州《きゅうしゅう》かいおれも大分《おおいた》
おたがいに北海道《ほっかいどう》までよくきたもんだなー
それと…それと…それ二人前《にんまえ》
ここはなおれたち労働者《ろうどうしゃ》のための朝《あさ》めし屋《や》だ！
さあ食《く》いなあったまるぜ！

たという。

「じゃあな坊や」と、意気揚々と去っていく男に、少年は名前を尋ねた。すると男は笑いながら答えた「加藤清正！」。九州の人間なら誰もが知る、武将の名だ。

「チェッ うそばっか」とくさしながらも、少年は「ごちそうさま」とつぶやく。

それから駅に向かってトボトボと歩き始めた。その脳裏に両親の顔が浮かぶ。母からは「あなたは人一倍がんばらなくちゃならないんですよ！」と言い聞かされ、父からは「死にものぐるいで勉強しろっ なんとかして受かれっ」と怒鳴られた日々。どんな顔をして帰ればいいのか分からず、気が重い。少年は肩をすぼめた。

「これが人生か……ばっかみたい」


その頃、ブラック・ジャックは、同じ北海道の警察署にいた。無免許医療行為の容疑で取り調べを受けていたのだ。道路工事の音が騒がしいと思ったら突然、大きな爆発音が響きわたった。

「ドカンン ゴー…」

……騒然とする取調室に連絡が入った。工事中にガス管が爆発し、作業員と通行人に多くの怪我人が出たという。取り調べをしていた警察官は一転、ブラック・ジャックに出動を依頼するが、皮肉たっぷりに返される。

「ライセンスがないから手当てするわけにはいかないんでしょう？」

目をつぶるからと頼まれ爆発現場に行くと、がれきが散乱し、もくもくと煙が立ち込めていた。その中には血だらけの怪我人が何人も。手足がちぎれた重傷者もいた。

そのとき少年は、駅の待合室のテレビを見ていた。速報で爆発事故のニュースを知る。重傷者の名前が読み上げられる。その中に、何と「作業員」の「加藤清正」の名が。

「あの人だ!!」――。少年は居ても立ってもいられず収容先の病院に駆けつけた。病院で再会した加藤は、全身に包帯が巻かれ、手足がない。生きるか死ぬかの瀬戸際だ。

そこにブラック・ジャックが現れる。無免許医療行為を見逃すことを条件に、手術を引き受けたのだ。ちぎれた手足を接ぐという大手術を、病院の誰もが不可能だと口をそろえる。

少年が、加藤の手術に立ち合いたいと言い出した。医者を志しているからと、懇願する。

ブラック・ジャックは許可する。「いいだろう命のせとぎわのきびしさを見ておく

助《たす》かるんでしょうか
生《い》きるか・・・・死《し》ぬかという危険《きけん》なところですね
ウ〜〜ッ
ウ〜〜ッ
なにせ ま上《うえ》にいたんで 両腕《りょううで》 片足《かたあし》が もぎ取《と》られて 腹《はら》に大穴《おおあな》が あいているんです
かわいそうに……
応急処置《おうきゅうしょち》はしましたがね もう… 人手《ひとで》が たりなくって…
あなた…… こんな重傷《じゅうしょう》の けが人《にん》を治《なお》した ことがあるのかね？
医者《いしゃ》がたりないんだ 手術《しゅじゅつ》がやれるんなら たのみたいんだが
なにしろ 無免許《むめんきょ》なんでねえ
無罪放免《むざいほうめん》してもらえるんなら やりますぜ
わかった わかった とにかく手《て》をかして やってくれ
あの男《おとこ》の 腕《うで》と足《あし》は 見《み》つかったかっ
フン…… これか
よーし ひとつ ついでみるか
えーっ

のもクスリになる」。手術手袋をはめながら、少年に語りかけた。「わたしも きみよりもっと小さいころ こんなにバラバラになる目にあった」「だが助けられた それが医者になったキッカケだ」。

こうして大手術が始まった。血まみれの手術現場を初めて見た少年は、顔をしかめながらも、必死でブラック・ジャックの後ろに立ち続けた。

困難を極める手術に、スタッフはどんどん弱気になる。「先生！ 血圧がどんどん下がっています」「ショックが起こったようです！」「心搏《しんぱく》が弱まってます」……。そのたびにブラック・ジャックは毅然と指示を返す。しかし、とうとう1人のスタッフがつぶやく。

「ダメかも知れないな」

その瞬間、冷静だったブラック・ジャックが、目を見開いて一喝した。

「おちつけっ！
なぜヨワネをはくんだっ！」

手術開始から3時間を超えたところで、少年は目まいを起こし、手術室の外に運び出される。長椅子に横たわった少年の前に、手術を終えたブラック・ジャックが姿を現した。

　飛び起きて、「助かったんですかっ」と尋ねる少年に、ブラック・ジャックは、大手術の疲れを感じさせない平然とした口調で答える。「ああ…たぶんな」。

「すごいや……」。少年は目を輝かせてつぶやいた。

　無罪放免となり、車に乗り込むブラック・ジャックに少年が駆け寄り、興奮して話す。今朝まで自分は死のうと思っていたこと、入試に落ちてショックだったこと、しかし……。

「生きるか死ぬかなんて こういうことをいうんですね！」

　その顔には、恥じらいと喜びが入り混じっていた。

（『ブラック・ジャック』第121話「三者三様」＝秋田書店
少年チャンピオン・コミックス13巻／電子書籍版4巻収録）

日雇い労働者と無免許医師。2人の生きざまに触れ、人生を変えるほどの衝撃を受けた少年。新たな希望を見いだし、歩き始めるすがすがしい結末だ。

この物語が、法務と無関係の仕事をやらされて不満を募らせるKさんに、どんなヒントになるのか。

ここに注目 専門性だけでプロになれるか

物語の加藤清正とブラック・ジャックは共に、立派な肩書は持たないながらも、問題解決に高い能力を見せる。

加藤は、少年が受験に失敗したことを一目で見抜く。それだけでなく、自殺したいほどの絶望に沈む少年に、希望を与えようと心を砕いた。日雇い労働者の集まる食堂で、少年が触れたことのない多彩な人間模様の一端を見せる。そんな加藤に背中を押され、少年は重い腰を上げて親元に帰る気になったのだ。

ブラック・ジャックのメスさばきは、言うまでもない。病院の誰もが不可能と口をそろえた手術を「ひとつついでみるか」と軽やかに言い放ち、見事に成功させてしまう。なぜこの2人は問題解決能力が高いのか。

共通するのは、多種多様な人々と共に仕事をしてきた「経験の豊かさ」だ。

加藤は、日雇いで毎日違う人と、違った仕事をしている。その経験があればこそ、少年のつらい状況をすぐに言い当てる洞察力が身に付いた。少年にかける言葉の端々に独特の説得力があるのも、同じ理由だろう。

ブラック・ジャックも手術のたびに、違うスタッフと違った環境で、患者の生死と向き合っている。その圧倒的な経験値によって、どんな状況にも対応してしまう。臨機応変な判断力で高い技術を駆使しながら、危機を打開していく。物語でも、彼ほどの経験を持たない病院スタッフがもうだめだと弱音を吐いた、難しい手術を成功に導いている。

一方、少年はどうだろう。若さゆえに経験が乏しい。しかも受験勉強がすべての人生を送ってきた。そんな視野の狭さから、「入学試験の不合格」という現実の問題にどう向き合えばいいか分からず、「人生の終わり」だと、大げさに捉えてしまった。

そんな彼が、加藤とブラック・ジャックに出会った。そのたった1日の経験で大き

続行《ぞっこう》するっ
一こくを争《あらそ》うんだっ
昇圧剤《しょうあつざい》を使《つか》いますか？
だめだっ
オシログラフが……心搏《しんぱく》が弱《よわ》まってます
先生《せんせい》心《しん》マッサージを……
いや それより大動脈《だいどうみゃく》輸血《ゆけつ》に きりかえよう
1000VL《ブイエル》／1ST《エスティー》だ
ほんとうに オペを つづけるんですか
ああ つづける
ダメかも知《し》れないな
おちつけっ！ なぜヨワネを はくんだっ！
今《いま》つなげないと せっかくの本物《ほんもの》の手足《てあし》が ムダになっちまうぞっ

のために命が救われる瞬間——。そこで命が救われる瞬間——。

ここは文字

日雇い労働者の暮らし。生きるか死ぬかの修羅場。そこで命が救われる瞬間——。

世界の広さに触れた少年は、初めて自分の意志で医者になりたいと願う。メンツのためでもなければ、肩書が欲しいからでもない。人命に関わる尊い仕事がしたくて、医者を目指すのだ。こうして新しい価値観を得た少年は、人生に希望を見いだす。

反対に、もしも少年が狭い仲間内で傷をなめ合っていたらどうだろう。一時的に気は紛れたかもしれないが、本質的な問題は解決しなかったはずだ。

職場の事例で、「部長のせいで法務に専念できない」と不満を抱くKさん。同期の友人に愚痴をこぼして、気が楽になったという。しかし、それでは抜本的な解決にならない。自分でも「部長の方針が変わるわけではない」と分かっているように。

なぜ、新しい部長はKさんに、専門の法務以外の仕事をさせようとしているのか。

人事部から来た部長は、会社で起きるさまざまな問題の複雑さに直面してきたのだろう。法務部に持ち込まれる問題も、法律の専門知識だけでは片付かないと感じているのではないか。だから、若いKさんにいろいろな現場に足を運び、働く人の心の機微や社会の多面性を知ってほしいと願った。そんな多様な経験を積んで初めて、法務のプロとして問題解決ができると考えたのではないか。

今のKさんは確かに経験豊かとは言えない。法務部にいるのに、「顧客に契約内容を分かりやすく説明する」ということすら上手にできず、同行した営業社員の役に立てない。現実の問題解決に必要な洞察力や判断力、説得力などを培うには、もっと場数を踏む必要がある。

新しい経験にストレスは付きものだ。分からないことが次々に出てくるし、慣れないタイプの人間と付き合う煩わしさもある。そのストレスに苦しみながらも、自分の成長を楽しめるかどうか。ここが勝負どころだ。

ブラック・ジャックならKさんにこう言うだろう。

「ヨワネを吐いてる暇があったら、たくさんの人と会え！多様な世界との交流こそがおまえさんの仕事の腕を上げていくんだ。部長を見返してやれ」

第

3

章

上司のボヤキ

カルテ
KARTE
08

どの部下にもちょっと不満

【ある職場で】凸凹チームを率いる新米マネージャー

証券会社の営業部門で働くL課長は、昇進して2年目のマネージャーだ。

昇進したての昨年は、とにかく既存顧客のフォローだけで精一杯。それでも何とか目標の予算を達成し、「最低限の役割は果たせた」と胸をなで下ろしていた。

だが、今期の予算は前期より30％高い。

「担当顧客を増やすので、さらに大きな数字を目指してほしい」と、上司は言う。

「30％増ですか……」と、L課長は思わず口ごもった。

「去年ですら、部下の分を私がカバーしてギリギリだったのに、この予算を達成するには今のメンバーだけでは……。人を増やせないですかね」。ふと思いついて、お願いしてみた。すると上司は「そうか、そうだな。人事に掛け合ってみよう」と、意外にも前向きに答えてくれた。「どんな部下がいいか、君が求める人材像を整理しておいてくれ。その通りの人が採れるとは保証できないけれど、できるだけ頑張ってみるよ」と言って去った。

どんな部下を自分は求めているのか。この機会にあらためて考えてみた。

L課長には2人の部下がいる。

一人は、入社3年目の若手。ようやく独り立ちできたばかり。真面目で好感の持てる青年だが、担当する顧客の対応を一人で任せるには不安がある。週に一度、L課長から声をかけ、進捗確認することが欠かせない。

もう一人は、役職定年を迎えたばかりの年上の部下。以前からの顔見知りでもあり、新米マネージャーのL課長には協力的だ。だが、年のせいか「最近の金融商品は複雑だから」と、慣れた商品ばかり扱いたがる。そうするとできる仕事の範囲が限られてしまう。本音では、「もう少し新しいことも勉強してください！」と言いたいが、気を使ってしまって、口に出せずにいる。

何となく感じていた不満にはっきりとした輪郭が見えてくる。そしてしみじみ思っくれるはずもない。そう思いながらも、半ばダメモトで上司に伝えておいた。
しかし、そんな人材がいれば誰もが欲しがるだろう。都合よく自分のところに来て
「経験と知識を備え、新しいことにも意欲的に取り組める中堅が欲しい」
た。

それから1カ月後、上司がうれしそうにやってきた。

「西日本ブロックのMさんが転勤を希望しているそうだ。来月から来てくれるぞ」

Mさんといえば、ここ1、2年、急速に営業成績を上げ、社内トップ10の表彰も受けている実力派だ。L課長は大いに喜び、期待した。ところが……。

Mさんが着任して2カ月後、上司が「どうだ、新しく来た彼は？」と声をかけると、L課長は、なぜか浮かない表情をしている。

「さすがに仕事はきっちりやってくれるんですけどね……。まだなじむには時間がかかりそうですね……」と、歯切れが悪い。

本当はどうも相性が悪いと思っていた。実績があるせいか、自分たちを見下しているように感じる。仕事がやりにくいのだ。しかし、せっかく無理を押して増員に応じてくれた上司を前に、そうも言えない。L課長はもんもんとしてしまった。

理想の部下は、なかなかいないものだ――。

この事例にブラック・ジャックのある一話を思い出した

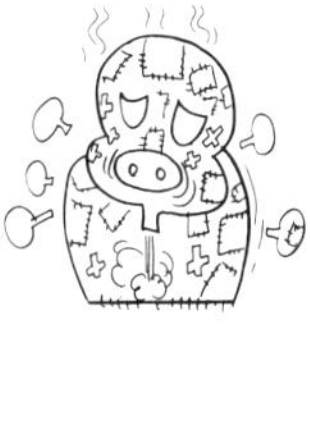

ある一話 なんという舌

全国青少年珠算コンクールで決勝進出を決めた村岡少年は、ホッと額の汗を拭う。そして、多くの観客の中からブラック・ジャックを見つけて駆け寄った。

「先生のおかげです 先生が この手をくださいました」

喜ぶ少年に、ブラック・ジャックはそっけない。

「ばかいえ その手は死んだ中井という少年の手だ 中井くんに感謝したまえ」

さらにこう諭した。「まあ準優勝までいけたんだから満足したまえ」。手術で付けた手なので、長い運動には耐えられないというのだ。「別の日に優勝戦があるんならべつだが たった十分のちにもう一度やるのではだめだ」。

少年はしばらく両手を見つめていたが、毅然と顔を上げて言った。

「ぼくは……きっと!! 優勝してみせます みていてくださいっ」

会場へ戻る村岡少年。残されたブラック・ジャックの背後から新聞記者が話しかけてきた。

「村岡くんがサリドマイド児で短肢症だったというのは事実なんですか!?」

「それを あんなりっぱな腕につけかえたのはあなたですか!」

と、矢継ぎ早に質問を浴びせかける。ブラック・ジャックは振り返って言った。

「このことは記事にかかないでいただきたい!」

記者の「全国の身体障害児に大きなはげましになりますのに!!」という反論も、突っぱねた。

「全国にはりっぱな腕につけかえられない子どもがゴマンといるんですぜ」

会場では優勝決定戦が始まった。8桁の読み上げ算が続く。それを見つめるブラック・ジャックは3年前のことを思い出していた……。

当時、小学3年生だった村岡少年は、ソロバンの先生に連れられて、ブラック・ジヤックのもとへやってきた。両腕を使えない少年を先生はソロバンの天才だと紹介する。

「サリドマイド障害児でソロバンの天才ですって?」

ブラック・ジャックがいぶかしげに問うと、うつむいた少年の隣で先生は答えた。

「そうなんです 手のかわりにからだのある部分を使ってやります」

先生が、「まあみてください」と机にソロバンを置いて読み上げを始めると、パチパチと珠を弾く音が響いた。少年は前かがみにソロバンに向かって小刻みに動いている。そして瞬く間に正解を出す。それを見たブラック・ジャックがつぶや

く。

「……それは天才じゃない 訓練ですね」

「そうです 努力でここまでできたんですわ で でも努力してやれたというのは天才だからでしょう」と、先生はうつむく少年の肩に手を置いた。

「それで なぜ他人の腕をつけてくれなどというんですか?」と、ブラック・ジャックが問うと先生は説明した。

「この子がソロバンを使うと友達が笑うというのです」

「だから もうこの子はソロバンをやりたくないっていうんですの はずかしいからって……」

そんな少年をブラック・ジャックは静かにたしなめた。

「笑うやつには笑いかえしてやれないのか」

そして「つけかえた腕でソロバンができるようになるなんて保証はしませんよ」と念を押す。

それでも、先生の熱心な説得に、ブラック・ジャックは手術を承諾し、成功させた。

その後、少年は新しい腕で3年間、血の出るような訓練を続けた。そしてとうとうこの珠算コンクール決勝にたどり着いたというわけだ。

多くの人が見守る優勝決定戦の会場では、ブラック・ジャックの忠告通り、少年の移植した腕には限界が迫っていた。

「だめだ 指がすばやく動かなくなってきた」

冷や汗が頬をつたい、体は震え始める。

「やめよう 優勝はやっぱりむりだった……」とうつむき、とうとう完全に手を止めてしまう。

……が、次の瞬間「くそーっ」と覚悟を決めた少年は、キッと顔を上げた。

そして、腕がなかった頃に使っていた、ある体の部位でソロバンを弾き始めた。

「46、473、152円ナリ！」という出題者の声に合わせて、少年は舌を出したのだ！ なりふり構わず前かがみでソロバンに舌を打ち付ける村岡少年。鬼気迫るその姿に観客たちは驚きの声を上げた。


「ワーッ！」


驚嘆の声が響いた会場は、やがて拍手に包まれる。

「パチパチ」「パチパチパチ」「パチパチ」

少年が問題に正解すると、大きな歓声が上がる。

一方、審査員席では何かを話し合う姿が……。舌でソロバンを弾くことがルールに反しないかどうかの確認だ。

「出題4！ 用意！」

出題者の声が響いた。舌を使うことが正式に認められたのだ！ 涙があふれ出す少年。

「ねがいましては──」

こうして決勝戦は続く。ブラック・ジャックは結果を見届けることなく、会場を後にした。

出題《しゅつだい》4！
用意《ようい》！
ねがいましては――
…………
…………

（『ブラック・ジャック』第54話「なんという舌」＝秋田書店 少年チャンピオン・コミックス6巻／電子書籍版3巻収録）

目標に向かうひたむきな努力や熱意といった大切なものを思い出させてくれる。

この物語が、どの部下にも満足できないL課長に、どんなヒントになるのか

✓ ここに注目 今あるもので何とかする

私たちは、不足していることや理想と違う現状に対して敏感で、不満を感じやすいものだ。そして、それを補う何かがあればと望む。職場でもそうだろう。

事例のL課長は、部下に不足を感じ、その不満を解消すべく人員の追加を望んだ。そしてかなえられた。にもかかわらず、理想の人材ではないと愚痴をこぼしている。

一方、物語の村岡少年には腕がないに等しかった。しかし、腕がないことに目を向けるのでなく現実にあるものに目を向けた。

今あるのは舌と足。ソロバンをするなら舌を生かそう――。猛烈な訓練で、舌を駆使してソロバンを弾く技を編み出し、指で弾くのと同じレベルにまで磨き上げた。

ソロバンの先生は、その姿をずっと見てきた。

この少年であれば、手術で腕を付け替えた後も、その腕を使いこなすため、誰にも負けない努力をするに違いない。そんな思いを先生は、手術を渋るブラック・ジャックに言い募っている。

「この子はきっと…その新しい腕をりっぱに使ってくれると……わたし…信じてます!!」

今あるものを最大限に生かそうとする少年の姿勢は、先生だけでなくブラック・ジャックをも動かした。そして手術の成功後、少年は期待された通り、移植された腕で血の出るような訓練を積んだ。もともとは他人の腕。ブラック・ジャックからも「つけかえた腕でソロバンができるようになるなんて保証はしませんよ」と言われていた。それでも全国珠算コンクールの決勝進出にまでこぎ着けたのだ。

例えば、カレーを作るのが得意な人がいたとしよう。今日は得意料理を家族に振る舞おうと、張り切って冷蔵庫を開けたら、人参と玉ねぎしかなかった。

もしもL課長なら「肉もないんじゃあ、カレーを作るのはムリだ」と言って諦めてしまうかもしれない。しかし、村岡少年なら「肉はないけど、人参と玉ねぎがある。だったら……」と工夫して、その材料でできる料理を作るに違いない。

さらにもしも、家族が気を利かせて豚肉を買ってきてくれたとしよう。今のL課長なら、「いや、俺が一番得意なのはチキンカレーなんだよ！　鶏肉はなかったのか！」と言い出すかもしれない。自分の望む材料でなければ成果は上げられないのだと……。

どの部下にも不足を感じると嘆くL課長。その前に、今いる人材を最大限に生かす努力をしただろうか。

伸びしろのある若手を育てるためにできることは、まだまだあるはずだ。シニアの部下が新しい商品を扱うのが苦手というなら、若手とチームを組ませる手もある。フレッシュな感覚を持つ若手と、経験に裏打ちされたコミュニケーション力を持つシニアの組み合わせなら、幅広い顧客ニーズに応えられそうだ。L課長から見れば〝上から目線〟が鼻につくMさんにしても、確固たる自信が相手に安心感を与えることもある。彼に指導役として責任を与えれば、それが長所として生きてくるかもしれない。

村岡少年ならきっと、この3人を最大限に生かす努力をするに違いない。L課長が難癖をつけているうちに……。

ブラック・ジャックなら、L課長にこう言うだろう。

「切りがないな。思い通りにいかないといつまでも文句を言い続けるのか、それとも今あるものでと覚悟を決めて前に進むのか。どっちがいいのか腹をくくることだ。愚痴はそれから聞こうじゃないか」

カルテ KARTE 09

そういうことは期待していないのに

ある職場で 部下の奮闘に不満を覚える部長

N部長は1年前、隣の部にいたO主任を引き抜き、課長に抜擢した。

きっかけは、社内横断プロジェクトで一緒に仕事をしたことだ。会議での議論が脱線したり、細かなところに行き過ぎたりすると、必ず元に戻してくれたのがO主任だった。目立たないが全体をよく見て、適切な方向にチームを誘導してくれる彼の活躍は、プロジェクトを成功に導く大きな力になった。

プロジェクトリーダーだったN部長はその姿を感心して見ていた。

「まだ若いが、全体を俯瞰できる視点と判断力を備えている。次世代のリーダーとして大いに期待できる」

そんなO主任を自分の下で育てたくなり、人事に掛け合って、異動と昇進を実現させた、というわけだ。

ところが、O課長として着任してから半年ほどたった頃、部下となったPさんが休職に入ってしまった。家族の介護と部門の繁忙期が重なり、いつもならこなせるはずの業務を回し切れなくなったのだ。真面目な彼は誰にも相談できず一人で抱え込み、うつ病を発症してしまったという。

O課長は、罪悪感でいっぱいになった。

「どうして気付けなかったのか。今思えば、着任したてで余裕を失っていた。そんな自分に、Pさんも相談しにくかったのだろう……」

申し訳なさもあったし、部署の今後のことを考えても、一日でも早く回復できるように力を尽くしたい。その一心から、O課長は休職中の彼の支援に没頭した。

定期的に、自宅近くまで足を運んで面会し、回復状況を確認。復職支援の制度や最近の部署の様子など、復職時に役立つような情報提供をした。休日にはメンタルヘルスの勉強会に出るなどして、専門知識を学んだ。産業医にPさんの主治医と連絡を取ってもらえるよう働きかけたり、リハビリ出勤の手続きを確認したりと、病に倒れた部下のために奔走した。おかげで彼は復職まであと少しというところまできている。

一方、N部長は、そんなO課長の奮闘ぶりを見て、少し不満を覚えた。

特定の部下の復職支援に、あまりに時間を取られ過ぎていないか。このままでは復職後も彼のフォローにかかりきりで、他の業務がおろそかになるのではないか——。

そもそもO課長に期待したのは、そういう資質ではないのに、という思いが湧いてくる。

彼に期待したのは、持ち前の俯瞰力を発揮して、チームを目標に向かって引っ張ってくれることだ。彼ならば、脱線しがちな部下たちの動きを修正し、適切な人員配置で課を統率できる。その結果、合理的かつ迅速に目標達成がなされるはずだと。

そう期待しての引き抜き、抜擢だったのに、今の彼はその真逆だ。課長自身が、たった一人の部下のケアに没頭していては、部署全体を俯瞰しているとは、とても言えない。

課長昇進は時期尚早だったか——。

N部長は、O課長に失望してしまった。

この事例にブラック・ジャックのある一話を思い出した

ある一話

家出を拾った日

ブラック・ジャックは田舎道を車で走っている途中、道端に倒れた学生服の少年を見つけた。

一昨日から何も食べていないと言うので、定食屋に連れていくと、無言で飯をかき込む。訳ありのようだ。

「おい たらふくメシをくわせてやったんだぜ 口ぐらいきいたら どうだい」

ブラック・ジャックが尋ねると、ゲップしながら口を開いた。

「彼女に会いに行くんだよウ」

いけしゃあしゃあとブラック・ジャックの車に勝手に乗り込むと、彼女のことを話し始めた。23歳で元教師なのだという。年は離れているが、すっかりほれてしまったのだとのろける。

「オレなーっ 競馬の騎手になって彼女と結婚するんだ」

なんでも、その先生が彼の騎手としての才能を見いだしてくれたのだという。

「ダービーに勝つとよオ 何百万円もかせげるぜっ」とふんぞり返る少年に、ブラック・ジャックは「競馬で金をもうけることなんか考えるなよ」とたしなめる。

必ず騎手になると言い張る少年だが、父親は大反対らしい。その父親は外科医だという。

「だけど すげーヤブ医者さ……それでバカ高い金とるんだ アッホらしい」

随分な言い草に「おまえもしや医者がイヤで家出したんじゃないか」とブラック・ジャック。ギクリとした少年は「そうともっ おれ医者なんて大っきらいだっ ろろくに患者治せねえで……くそっ……」と言ったきり、黙り込んだ。そのうち目に涙をためて、「とめてよ おりるから」と言って、去ってしまう。ブラック・ジャックは、こっそり後をつけた。

通りすがりの人に道を尋ね歩く少年は、突然「田代先生!!」と叫んで駆け出した。その先にはスラリとした女性の走り去る後ろ姿が。家に逃げ込み、ピシャリと扉を閉めてしまった。

少年は「先生 おれだい 菊地だい」「先生 おれ…会いたかった なぜやめたんだ」と扉をたたく。「おれ 先生のいう通り勉強したんだ カンニングもしなかったぞ ちゃんとおれ 先生との約束守ったぞ」「おれ……田代先生だけ信じてたんだよゥ」と、大口を開けて泣き出した。

扉越しに先生が涙声で答える。

「先生はね… もう人前へ出られないの 学校へもいけないわ…許してね……」

先生は、少年の父親の診察を受けていた。けれど、治らないとはっきり言われたという。

そう先生が話し終える前に「バッキャロー!!」と叫んだ少年は、その場から全力で走り去った。

そこにブラック・ジャックが現れ、扉を挟んで先生を問い詰める。少年は大好きな先生に会うため、家出までした。途中で金を落とし、行き倒れになりかけてまで、やってきたというのに……。

「その子の気持ちもくまないで 一目も会わないとはどういうこった!!」

その問いかけに返事はなかった。

ブラック・ジャックが諦めて去ろうとしたそのとき、先生が堰を切って話し始めた。

「わたしだって責任はひどく感じていますわ！」「……でも あの子を独り立ちさせるためにも……」

少年は、成績の良くないはみ出しっ子だった。けれど、不思議と動物好きだったという。そこに個性を見いだした先生は、乗馬クラブへ連れていった。すると瞬く間に上達し、将来騎手になると言い出したのだ。

夢に向かう少年を先生は後押しした。数学で落第しそうになると、担当の教師に「なんとか大目に見てやってくださいません？」と口利きし、勉強も頑張るように少年を励ました。

「どんなにできない子でもなにか一つ長所を…のばしてやれば……とわたし 彼に心から期待を持っていたんです」

ところがある日、先生は物理教室の爆発事故で大火傷を負う。少年の父親の病院で何度も手術を受け、あらゆる手立てを尽くしたが、顔の損傷は特に激しく、元に戻らなかった。それで人前に立てなくなり、引きこもっているというわけだ。

そんな先生を気遣いながらも、ブラック・ジャックは少年の心を代弁する。

「彼は父親に対する尊敬も消えた あなたを治せなかったことでね」

このままでは少年は、せっかく得た夢も失い、やけくそな人間になってしまうと、

菊地《きくち》くん 騎手《きしゅ》に なるためには がんばるのよ! 数学《すうがく》と化学《かがく》!
へへ おれ これから カンニング もしないぜ
たった一つの 生《い》きがいが ……彼《かれ》を よみがえらせ ました
どんなに できない子《こ》でも なにか一つ 長所《ちょうしょ》を…
のばしてやれば……と わたし 彼《かれ》に心《こころ》から 期待《きたい》を持《も》っていたんです
ところが…… ある日《ひ》……
断絶《だんぜつ》の 日《ひ》が!
物理《ぶつり》教室《きょうしつ》で 薬品《やくひん》の爆発《ばくはつ》が あったんです
わたしは ふた目《め》と 見《み》られ ない姿《すがた》に なりま した

ブラック・ジャックは訴えた。じゃあ、どうすればいいのかと、うろたえる先生に、「家出したあの子に会って 彼をうちにつれて帰ってやることですな」と言い残し、去っていく。

田代先生は言われたままに、少年を父親の病院まで送り届けた。「お子さんをせめないでください……」。帽子を目深にかぶりハンカチで顔を覆った先生が帰ろうとすると、父親が引き留めた。

「待ってください!! お話があるっ」

もう一度だけ、手術したいのだという。自分のメンツを懸けて、名誉挽回のためにも、と。

そんな父親に、少年は悪態をつく。

「ムリすんなよ!! とうさんはヤブもいい

とこなんだ 治せねえよっ」

父親の熱意で再手術が実現する。損傷した顔面に臀部《でんぶ》の皮膚を移植する大手術だ。

少年は自室にこもって「無理だよ…とうさん……」とつぶやき、手を合わせ続けた。

手術が終わった。駆け寄る息子に、父親が言う。

「奇跡だ……こんなにうまくいった手術はないよ」

少年は飛び上がって喜んだ。

「とうさん すげえや! おれ 見なおしたよ」。

わだかまりが解けた親子。父親は「ある人が手を貸してくれてな」と、打ち明けた。

「だれだい?」

「そいつはナイショだ…… だがべらぼうな礼金をとられるよ」

「ひでえ 払えるのかい?」

「おまえが払うんだ そういって帰ったよ……競馬の賞金からな」

「えっ」

「おまえが将来競馬に出場して賞金をとったら それから払ってもらうそうだ」「その時に正体をあかしますってさ!」

そいつはナイショだ……だがべらぼうな礼金《れいきん》をとられるよ
ひでえ
払《はら》えるのかい？
おまえが払《はら》うんだ
そういって帰《かえ》ったよ………
競馬《けいば》の賞金《しょうきん》からな
えっ
おまえが将来《しょうらい》競馬《けいば》に出場《しゅつじょう》して賞金《しょうきん》をとったらそれから払《はら》ってもらうそうだ
？
？
その時《とき》に正体《しょうたい》をあかしますってさ！

（『ブラック・ジャック』第198話「家出を拾った日」＝秋田書店 少年チャンピオン・コミックス21巻／電子書籍版13巻収録）

少年のために父親も先生も、プライドと羞恥心を捨ててブラック・ジャックの提案を受け入れた。そんな大人たちの奮闘が、皆が望んだ結果を手繰り寄せたのだ。

この物語が、部下に落胆してしまったN部長に、どんなヒントになるのか

【ここに注目】減点ばかりしていないか？

物語の中で少年は、周囲の人への不満を何度も爆発させる。

大好きな田代先生を手術で治せなかった父親に失望し、ヤブ医者と罵った。その田代先生が姿を消すと、今度は、見捨てられたと受け取り、やけになった。

この物語では、父親も田代先生も自らのふがいなさを恥じ、なおも少年を気遣う。ブラック・ジャックですら、少年のために加勢した。

しかし、この少年がもし社会人だったら、果たして周りの大人は同じ対応をしてくれただろうか。

少年が自暴自棄になる以前に、父親も田代先生も最大限の努力をしていた。父親は田代先生を元通りにするため、不可能と思われる手術に何度も取り組んだ。自分の持てる技術で精一杯やった。それでも結果に結びつかないことは、いくらでもある。田代先生は、はみ出しっ子の少年が、夢を抱けるよう心を砕いた。少年の騎手としての才能を開花させ、勉強でも頑張れるよう陰日なたになって応援した。

父親も田代先生も、よく考えれば少年に感謝されこそすれ、責められるようなところはなかったはずだ。にもかかわらず、思い通りでないと駄々をこねた少年。発展途上の子供だからこそ周りの大人が大目に見てくれただけの話だ。

そんな観点から、職場の事例を振り返ってみよう。

N部長は、最近のO課長に不満を抱いている。なぜなら、N部長が期待していた「俯瞰力」を発揮していないからだ。

だが、O課長は今置かれた状況の中で、自分なりに精一杯努力している。部下を思いやり、支援すべく責任感を持って行動している。称賛されこそすれ、責められるべきことではないだろう。N部長は、物語の中の少年と同様、勝手な期待を周囲に押し付けてはいないだろうか。

リーダーには「鳥の目」と「虫の目」が必要と言われる。全体を俯瞰して戦略を立てる「鳥の目」はもちろん、部下一人ひとりの資質やコンディションにきめ細やかに配慮するような「虫の目」も欠かせない。

O課長は今、自身の「虫の目」を磨き、発揮している。確かにその間、N部長が期待する「鳥の目」はしばらく姿を潜めるかもしれない。だからといって、それだけで課長失格と決めつけるのは時期尚早だろう。

物語の田代先生の姿には、私たちが学ぶべきものがある。

一見、何の取りえもない少年。むしろ、短所が目立つ少年。成績も素行も悪い。それでも隠れた長所があるはずと、田代先生は見守り続け、騎手の才能を発掘した。田代先生は、勝手な期待を生徒に押し付けない。生徒が得意なこと、できることは何かと探し、引き出し、それを大いに評価した。

菊地《きくち》くんはたしかに……成績《せいせき》はよくありません
むしろはみだしっ子《こ》といったほうがいいのかしら……
それに素行《そこう》もよくありませんでした
でも彼《かれ》はわたしだけにはなついて気《き》やすく話《はな》しかけてきたんです
彼《かれ》にはこれといってとりえはないのでした
でもふしぎに動物《どうぶつ》がひどく好《す》きでした
そんなやさしさがわたしには菊地《きくち》くんのすばらしい個性《こせい》に思《おも》えました
ある日《ひ》わたしは彼《かれ》を乗馬《じょうば》クラブへつれてったのです

O課長に落胆するN部長に、田代先生ならどう言うだろう。

「もう少し待ってあげてくださらないかしら。大丈夫、O課長の俯瞰力はいきなりなくなったりしませんわ。彼にとって今は、部下とじっくり向き合いたい時期なのだと思いますの。今できていることを評価してあげてくださらない？」

田代先生は、いつだって加点法だ。だからといって、それをすぐ見習えというのも酷だろう。減点法から加点法への切り替えは、言うは易し、行うは難し。だからこそ常に頭の片隅に置いておきたい視点だ。

ブラック・ジャックならもっと厳しくこう言うだろう。

「勝手な期待を押し付けるから減点法になるんだ。自分本位になっていないか、疑うクセをつけることだな」

カルテ
KARTE
10

みんなが嫌なら やめておこうか

【ある職場で】ギスギスする部下たちに手を焼く課長

システム会社で働くQ課長の下に1年前、R主任が配属された。R主任は大手コンサルティング会社から転職してきたばかりで、「切れ者」と評判だった。S部長からは、「君も忙しくなってきたから、補佐役がいたほうがいいと思ってさ」と、この人事について説明を受けた。

R主任は入社早々、敏腕ぶりを課のメンバーに印象付けた。

Q課長は週1回、メンバー全員を集めて「定例会」を開いていた。その内容は、各自の仕事の進捗状況を共有した上で、互いに課題を挙げて、解決策を話し合うというものだ。

この定例会に初めて出席したR主任は、会議で浮かび上がった課題に対して、解決策を次々に提案した。その内容は的確、かつ具体的。おかげで、「次に誰がどんなアクションを取るか」という業務アサインまで、R主任の指示の下、その場で決まってしまった。それまでは、Q課長の司会の下、「ああでもない」「こうでもない」と、結論が出ないままに、会議が長引きがちだったので、雲泥の差だ。メンバーは一様に喜び、R主任を歓迎した。

Q課長も驚き、舌を巻いた。

「定例会の司会は、私がやるより、彼に任せたほうが良さそうだなあ」

そう思っていたところに、Q課長は担当業務が追加され、以前にも増して忙しくなった。そこで定例会をR主任に任せ、自分は欠席することが何度か続き、それが常態化していった。

ところが、つい先日、若い部下に呼び止められ、こんな相談を受けた。

「ちょっと申し上げにくいのですが……。定例会はもうやめませんか」

急に何を言い出すのかと思って聞いてみると、困った表情でこう話す。

「定例会が議論の場でなく、R主任からの一方的な指示の場になっているからです。

連絡と指示だけならメールで十分なのではないかと思います」
ひとまずQ課長は、久しぶりに定例会に出席することとした。
会議室に集まるメンバーたちの表情が心なしか暗く、険しいように感じる。R主任がさっそうと現れたが、挨拶もまばらだ。会議が始まる前から、ギスギスした空気が漂う。

定例会が始まり、メンバーが各自、プロジェクトの進捗を報告すると、R主任が矢継ぎ早に課題を指摘。それに対して打つべき手を提示する。

R主任には自分の実力を誇示する場としてこの会議を利用しているきらいがあるようだ。そうQ課長は感じた。

中には、「しかし、主任、この件については、その方法は現実的でない気が……」と、反論を試みるメンバーもいた。だが、理路整然としたR主任に、すぐ論破されてしまう。Q課長には、反論した部下の考えもよく分かった。だが、残念ながら、この件のクライアントに特有の事情を、うまく言葉で表現できていない。そのためR主任には、伝わらなかったようだ。

とはいえR主任の顔に泥を塗ることは避けたい。Q課長は会議中に口を挟むのはやめた。その代わり、会議の後、自分に相談してきた若い部下をつかまえてなだめた。

「確かに、これでは定例会が命令会になってしまっているね。みんなに嫌な思いをさせるのは良くないし、とりあえず君の言う通り、定例会はやめようと思う」

その後、S部長に事情を説明し、「当面は定例会を中止したい」と報告した。

部長は顔をしかめて尋ねた。

「それで問題は解決するのか？」

Q課長は返事ができず、気まずい空気が流れた。

この事例にブラック・ジャックのある一話を思い出した

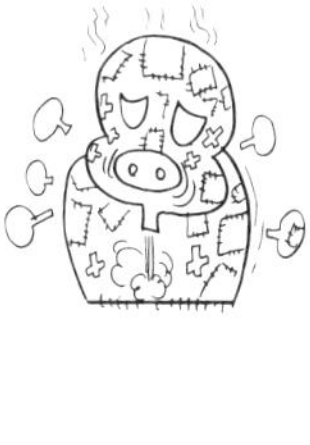

ある一話　カプセルをはく男

旅客機で日本に向かうブラック・ジャック。隣席の男が腹痛を訴え、何度もトイレに立つ。だが、男は頑なに診察を拒否した。

着陸後、空港のトイレで再びその男と出くわした。

「またおまえさんかっ」

怪しむブラック・ジャックの目の前で男は倒れ、大量のカプセルを口から吐いた。よく見ると、それは水にも体液にも溶けない非溶解性のカプセルで、そのまま胃にたまり、苦しんでいたようだ。男は懇願した。

「お願いだから……わたしを……甲川《かがわ》医院へ……は…はこんで…く…くんなさい…」

住所を書いたメモを見ると、そう遠くない。ブラック・ジャックは男を車に乗せ、病院に向かう。到着すると、あどけない少女が親しげに男を出迎え、病院の

中に声をかけた。

「パパー不手際《ふてぎわ》さんが旅行から帰ってきたわよオ」

出てきたのは、院長。男に優しくねぎらいの声をかけると、病院の奥へと招き入れた。

ブラック・ジャックの存在に気付いた院長は、応接室に通し、事情を説明した。男が旅行に行く際、持病の薬を持たせたのだが、飲む量を間違えたらしい、と。穏やかな話しぶりだ。

すると、ブラック・ジャックは、例のカプセルを取り出し、院長に見せた。

「カプセルの中身を見ましたぜ」

中身は麻薬のモルヒネ。不溶解性カプセルに入れて男の腹の中に隠し、密輸していたというわけだ。そんなからくりを指摘された途端、院長は「そんなバカな!!」と、いきり立った。

「わしはね……これでも この町で三十年開業し 人さまにうしろ指なんか さされるようなことはしとらん!!」

身を乗り出して怒ったかと思えば、今度は小刻みに震えだしした。

「そんなものを持ってきて わしに買えということかね……金がほしいのかね」

そんな院長にブラック・ジャックは言い放つ。

「医者の肩書きを利用して 麻薬でもうけているやつが おもてむき どんな善人づらしてるか見たくなっただけさ！」

すると、それまで院長の脇でおとなしくしていた娘が、猛然と食ってかかる。

「なによ―― パパをいじめないでーっ」「パパは世界中でさいこーにえらい人なンよ!! おじちゃんなんかトラックにひかれて死んじゃえばいいのよーっ」

その迫力にブラック・ジャックも面食らう。

院長は慌てて扉のほうに娘の背中を押し、そそくさと部屋を出ていった。

入れ替わるように怪しい男が2人現れた。銃を突き付けられたブラック・ジャックは、車に乗せられ、山奥の倉庫に監禁されてしまう。

場面は変わって小学校の全校集会。学校の全教室にテレビを寄付した甲川院長を紹介する校長先生。院長が、いかに権威ある人物であるかを懇々と説く。

「この町の発展に何十年もつくしてくださったえらい先生です」

拍手喝采する生徒たち。その中には誇らしげなあの娘の姿も。

「あたし パパみたいに尊敬される人になりたいわ」……。

では みなさん 甲川《かがわ》先生《せんせい》に 拍手《はくしゅ》で お礼《れい》申《もう》しあげ ましょう
ね パパって みんなに尊敬《そんけい》されて すてき
おまえがよろこんで くれりゃあ パパも満足《まんぞく》だよ
あたし パパが 世界《せかい》一好《す》きよ!! ♡
やあ 先生《せんせい》 …… ……
先《さき》に 帰《かえ》って おいで
あたし パパみたいに 尊敬《そんけい》される人《ひと》に なりたい わ
先生《せんせい》 あの とじこめて あるやろうを どうする? ほっとけば サツへいく ぞ
あの カプセルを 見られちまっ たのは 大《だい》ミス だったな

集会が終わって帰ろうとしている院長のもとに、暴力団のボスが歩み寄る。監禁しているブラック・ジャックをどうするかの相談だ。

「あのカプセルを見られちまったのは大ミスだったな」

そんな院長の判断の下、ブラック・ジャックはすぐにも始末されることに。

ボスの命令を受けた手下たちは早々に、ブラック・ジャックがいる倉庫に現れた。

「三日ものまずくわずでつらかったかい」「すぐらくにしてやるぜ」

ぐったりしたブラック・ジャックを工場の高圧線に落とし、事故死に見せかけて殺そうという算段だ。

しかし、隙をうかがっていたブラック・ジャックは、落ちていたガラス片を投げつけて反撃。これが見事に手下の急所に刺さる。あっという間にその場を片付けたブラック・ジャックは、その足で甲川医院に向かった。

院長は手術の真っ最中。そこに、ブラック・ジャックが現れる。

「だれだっ手術中入ってくるなァ あっ……!!」

がくぜんとする院長をにらみつけるブラック・ジャック。

「もちろんすぐ出ますよ 先生 そして先生の居間でゆっくり待ってますぜ」と言い残し、いったん姿を消した。

震えだした院長。その場を他の医師に任せると、居間ではなく、院長室に走った。

急いで暴力団のボスに電話する。ボスは、とにかく手元にあるモルヒネを隠せと言う。

動転した院長はとりあえず密輸のときと同じ方法で隠すことにした。机の引き出しから大量のモルヒネ入りカプセルを取り出すと、一気に水で、自分の腹に流し込んだのだ。

次の瞬間、机の上にメモを見つける。そこには……。

〈麻酔用モルヒネ15カプセルをみつけましたカプセルが不水溶性なので いちおう水溶性のに とりかえておきました 助手〉

ブラック・ジャックは院長室の扉を開ける。そこには大の字に倒れた院長の姿が！

「どうしたっ しっかりしろっ いかん！ 瞳孔がおかしい」

抱え上げられた院長が声を絞り出す。

「ああ……あなたか……」「モルヒネのカプセルは はらの中です あいにく…カプセルがとけて…45グラムが わしのはらん中ですよ」「自業自得ですわい」

薄笑いを浮かべ、力なく言う。解毒剤を探すブラック・ジャック。だが、院長は悟っていた。

「もう たぶんむだです」

そして、なぜこんな犯罪に手を染めるようになったのかを打ち明け始めた。

「きいてください わしは…この町で古顔だ なにか 町のためにつくしてわしの名を…残したかっただけでして…」

そんな思いから寄付を重ねるうち、金が足りなくなってモルヒネの密売を始めたのだという。院長の言葉が途切れ途切れになっていく。

「あなた……お願いです……娘には……このことをなにとぞ……だまって……」

院長をみとったブラック・ジャック。病院を出たところで娘にばったり出くわす。

「こないだのおじちゃんね！ パパんとこへあやまりにきたんでしょ」「パパがえらい人だってこと わかったでしょ!!」と得意げな娘に、ブラック・ジャックは答えた。

「ああ……町のためにつくしたりっぱな人だよ」

（『ブラック・ジャック』第１６６話「カプセルをはく男」＝秋田書店 少年チャンピオン・コミックス18巻／電子書籍版19巻収録）

結局、虚栄心に傾いてしまった院長。もしも一歩軌道修正できていたら、娘に誇れる医師になれたはず……。そんな可能性もあったのかと思うと胸が苦しくなる話だ。

この物語が、ギスギスした会議をやめてしまいたいQ課長に、どんなヒントになるのか

【ここに注目】手っ取り早くの連鎖

物語に出てくるモルヒネには、２つの使い方がある。

医療用の麻酔に使えば、外科手術による病気や怪我の治療を可能にする有用なもの。

しかし、快楽を得るための麻薬として使えば、人を廃人にしかねない恐ろしい薬物だ。

このような二面性を持つものが、ほかにも出てくる。

甲川院長の持つ医療知識。これも純粋に治療のために使えば人命救助に役立つが、彼は麻薬の密輸のために悪用してしまった。

そんな犯罪に手を染めてまでも、院長が続けたいと願った寄付。これも本来、世のため、人のためになるはずだが、虚栄心を満たす手段として使われてしまった。

なぜ院長は、モルヒネも医療知識も寄付行為も、すべて悪用する道を選んでしまったのか。

地道な努力を避けたいと思ったからだ。医療行為の成果をコツコツと積み重ねるのでは、世に認められるまでに時間がかかる。そこをショートカットしようとしたのだろう。巨額の寄付で、手っ取り早く名声を手にしようとした。そのためのお金も、コツコツと貯めるのでは時間がかかる。だから、持てる知識とモルヒネを悪用して、手っ取り早く稼いだ。

ラクをして虚栄心を満たそうとする愚行には、悲しい結末が待っていた。

Q課長は、今、定例会議をやめようとしている。なぜか。

R主任の司会ぶりに、メンバーが不満を募らせ始めたからだ。

しかし、そもそも会議とは、議論と意思決定の場だ。余計な会議はやめたほうがいいが、「司会者の評判が悪い」という理由でやめるのは、おかしい。上司として、R主任の司会ぶりが良くないと判断するなら、R主任に改善の指導をするか、Q課長も加わって、メンバー全員で会議のあり方をあらためて話し合うべきだ。

Q課長もそのことに内心では薄々、気付いているはずだ。それなのに、部下に言われるままに会議自体を中止するという安易な結論に走ろうとしている。なぜか。

面倒だからだ。R主任を指導して、司会としての姿勢を改めさせるのも、会議のあり方をあらためて話し合うのも、Q課長にとっては負担が大きく、できればやりたくない。だから、本質的な方法でないことを半ば承知で、手っ取り早い解決を求めてしまったのではないか。

そもそもなぜ、R主任に司会を任せたのか。

それまでは、Q課長が自ら司会をしていたという。定例会の司会は、Q課長の部署において重要な仕事であり、R主任に任せたのは、大きな権限委譲になる。

権限移譲も、モルヒネではないが、使い方次第というところがある。

成功すれば、部下が大きく成長するきっかけとなる。その結果、上司に時間の余裕が生まれ、任せた上司も、新しい仕事にチャレンジできるようになる。

しかし、何の説明もフォローもなく、仕事を丸投げすれば、多くの場合、任された部下は混乱する。その結果、失敗すれば自信をなくすし、R主任のように、下手に自信があるばかりに、与えられた権限を乱用するような部下も出てくる。

権限委譲が成功するまでには、上司の丁寧なフォローが欠かせない。Q課長は、そこを無意識のうちにショートカットしていた。権限委譲の面倒な部分を避けながら、自分の仕事が減るという果実だけを、手っ取り早く得ようとした。

それで部下から不満が出れば、手っ取り早く会議を廃止しようとする。こうして「手っ取り早く」の連鎖が始まると、抜本的な解決からはどんどん遠ざかっていく。

会議も権限委譲も、それ自体は悪くない。けれど、使う側が成果だけを求めて、安易に手っ取り早く利用すると、思わぬ副作用に苦しむことになる。モルヒネや医療行為と同じだ。

物事はそれ自体に善悪があるのではない。やるときの気持ち一つで、プラスにもマイナスにも変わる。

ブラックジャックならQ課長にこう言うだろう。

「手っ取り早くという人間の怠惰心が、物事を悪に変えてしまうんだ。定例会を生かすも殺すもおまえ次第だ。面倒なことから、とっととやるんだな！」

第4章

キャリアの分かれ道

カルテ
KARTE
11

うまくいかなかったらどうしよう

ある職場で 総合職への転換をためらうアシスタント

Tさんは商社に一般職として入社して5年目の女性社員。営業アシスタントをしている。

入社時の配属先でお世話になったのが、U先輩だ。面倒見が良く、仕事のコツから人間関係の注意点まで、懇切丁寧に教えてくれた。それだけではない。何をやっても手際が良く、朗らかで周りを明るくしてしまう。英語も堪能で、海外のクライアントからの信頼も厚い。営業アシスタントのお手本のような女性だった。

Tさんはそんな U先輩に憧れて、何とか追い付きたいと頑張ってきた。教わったことはすぐにメモして、忘れないうちに見直した。先輩の電話応対に耳を澄まし、コツをつかもうと努力した。苦手意識のあった英語を克服したくて、オンライン英会話も始めた。

U先輩は一昨年、その実力が認められ、一般職から総合職に登用された。総合職としても活躍し、今では女性活躍推進プロジェクトのリーダーだ。

先輩が抜けたとき、Tさんは、「戦力ダウンしたと言われないかしら」と、内心、不安だった。その不安を払拭しようと、それまで以上に仕事に打ち込んだ。そのかいあって最近では、海外のクライアントから「彼女とはコミュニケーションが取りやすい」と、名前を挙げて評価されるまでになった。

先日、上司から「総合職でやってみないか」と、声をかけられた。登用試験が来月あるので、受けてみてはどうかというのだ。何でも、U先輩のケースがうまくいったこともあって、一般職から総合職への転換を積極的に推進したいのだという。

そこで自分に白羽の矢が立ったと知り、Tさんは正直、うれしかった。けれど、「はい、やります」と、即答することはできなかった。いくつもの不安が頭をよぎったからだ。

「U先輩のように自分から動いてテキパキ仕事するなんて、私にできる気がしない。

今でも指示されたことをやっているだけだし……」

「英語だって、ビジネスで使えるレベルにはまだまだだし……」

「そもそも登用試験に合格するかも分からない。落ちたら、ちょっと恥ずかしいな……」

総合職でやってみたい気持ちがないわけではない。努力も実績も積み上げてきた。けれど、次々と浮かんでくる不安に、Tさんは決断できずにいる。気が付けば、登用試験の申込期限が近づいていた。

この事例にブラック・ジャックのある一話を思い出した

ある一話 気が弱いシラノ

マンモス団地に住む3人の若者。

白野《しらの》は、別棟に住むジュンちゃんに恋をしている。彼女は病気で自宅療養中だ。白野は献身的に見舞いに訪れるが、ずっと告白できずにいる。自分の容姿に自信がないからだ。白野の鼻は、ひどく大きい。顔の半分ほどもある大きさだ。

一方、ジュンちゃんはといえば、向かいの棟に住む栗須《くりす》のことが気になってしょうがない。朝夕、窓越しに彼女に向かって声をかけてくる美男子だ。

「ねえ あの人のこと もっと知りたいわ…」と、ジュンちゃんは見舞いに来た白野に相談する。「まだ一度も見舞いにもこないあいつがそんなに好き?」と問えば、「そんないいかたはよして!!」と機嫌を悪くする。栗須にぞっこんだ。

そんな彼女に白野は、栗須から預かったという手紙を時々手渡している。

実は、ジュンちゃんを元気づけたい一心で白野が書いた、嘘の手紙だ。

栗須からだと思い込んで舞い上がる彼女を見るにつけ、白野はやるせない気持ちになる。部屋を出ると、「くそっ…… オレの顔……」と肩を落とすのだった。

ある日、白野は団地の一角で栗須をつかまえ、ジュンちゃんのところに見舞いに行ってやったらどうだと迫る。だが、栗須は「そこまでする気はないよ」「ちゃんと恋人もいるんだ そういってくれ」と、取り合わない。

白野は懇願する。「彼女を愛してやれとはいわない……せめて はげましてやってく

ジュン ちゃーん
おはよーっ
からだ どう だい!?
ええ!! あ ありがと
オス!
また おたくか
また おたくか は ない だろう

れよ」。しかし、それすらも「よけいなおせわだ」と一蹴され、それに腹を立てた白野は栗須を殴りつけてしまう。

その後、久しぶりに白野がジュンちゃんの家を訪れると、病状が悪化していた。彼女が、うわごとに名前を呼ぶ。

「栗須さん……どうしたの……会いたい……」

どうやら、ここのところ栗須は、窓越しに声をかけることすらやめてしまったらしい。

「あのふざけたヤローめ……」と白野は栗須の家に飛んでいく。しかし、部屋は空っぽだ。隣人に尋ねると、驚くべき事実を知らされる。

栗須はつい数日前、交通事故で亡くなったというのだ。頭が真っ白になる白野。

「ジュンちゃんがこのことをきいたら……」

彼女にはとりあえず、「栗須はね 旅行中なんだってさ」とごまかした。

しかし、この先どうしたらいいのか、途方に暮れてしまう。彼女を元気にできるのは栗須だけなのに……。

思いつめた白野はブラック・ジャックのもとを訪ねた。自分の顔を栗須の顔に変える手術をしてほしいと頼むためだ。

そんな白野に、ブラック・ジャックは険しい表情を見せる。

「なぜそんなやつの身がわりになんかならないで 堂々と彼女に話さないんだっ」

白野が「見てください ぼくの顔を!!」と反論すると、「顔? 顔がなんだよ 映画スターのコンテストじゃねえ!」とはねつけ、叱咤した。「三年間もその子とつきあってて その気持ちもいえないなんて バカの腰抜けだ」と。

追い打ちをかけるように「手術代は高いぜ 変身料五千万円だ」と吹っかけた。

白野が腰を抜かすと、ブラック・ジャックは表情を緩めた。

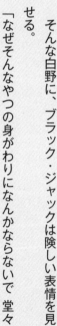

「だけど安いのもある」と切り出すと、「千円ってのもある どうだい」と、白野に選ばせる。

「それでいいです!!」——すぐさま白野は決断した。ブラック・ジャックは「顔がかわるのを後悔しやしまいね」と念を押すと、白野に麻酔をかけ、眠らせた。

手術後、顔を包帯でぐるぐると巻かれた白野。3カ月間は取れないと言われている。その姿を見て、ジュンちゃんは心底、驚き、心配する。白野は、怪我をしただけだと嘘をつき、治ったら早々に引っ越して、姿を消すと告げた。

そして「栗須はきっときみに会いにくる！　ちかってもいいよ」と、彼女を力強く励ました。

そんな白野を見て、ジュンちゃんは「栗栖さんとあなたとは別だわ」とつぶやく。

しばらくたってからのこと。ジュンちゃんの病状は快方に向かっていた。まだ包帯姿の白野が「栗須が帰ってきたら　きみの元気な姿を見せられるね」と力づけようとすると、意外なことを言い出した。

長いこと栗栖に会っていなかったら、会いたい気持ちが薄れてきたというのだ。

「えーっ!?」——白野が思わず叫ぶ。あんなに好きだったのに……、と戸惑いを隠せない。

そして手術から3カ月がたち、そろそろ包帯がとれる時期も近くなった。白野は、ジュンちゃんの家を訪れた。

「もうすぐお別れだね」「そのかわり栗須がここへくるからね」と言い聞かせる白野に、ジュンちゃんがすがりついた。

「いや いやよ!! 白野さん 行っちゃいや ずーっとあたしのそばにいて」泣きじゃくりながら、「あたし 子どもだったのね」「愛ってなにか やっとわかったの」と、打ち明けるジュンちゃん。告白された白野は動揺し、自宅に逃げ帰る。

「どうしよう オレはもう栗須の顔だ!!」

机に突っ伏して頭を抱える白野。いてもたってもいられず顔の包帯に自らはさみを入れる。裂けた包帯の間から見えてきた顔は……。なんと鼻の大きな白野のままだった!

ブラック・ジャックは、手術したふりをしただけだったのだ。

（『ブラック・ジャック』第141話「気が弱いシラノ」＝秋田書店 少年チャンピオン・コミックス15巻／電子書籍版8巻収録）

思わず安堵する結末。白野の献身は、ジュンちゃんの幼い恋心を大人の愛情に昇華させた。

この物語が、総合職への転身をためらうTさんに、どんなヒントになるのか。

ここに注目 行動を起こさなければ分からない

心理学に、「ビュリダンのロバ」という例え話がある。

飢え死に寸前のロバが、分かれ道に立っている。左右どちらに進んだ先にも、干し草の山が見える。干し草までの距離は、左右ともに同じ。そこでロバはどうしたか。「あっちの草は古いかもしれないし、こっちの草は苦いかもしれない」などと考え込んで、動けなくなった。そのうちとうとう飢え死にしてしまった――。

この話が示すのは、「何かを選択、決断し、行動を起こすことの難しさ」だ。

物語の白野が置かれた状況は、ビュリダンのロバと似ている。

右に行くのか、左に行くのか。

ジュンちゃんに告白するのか、しないのか。

白野は、「断られたらどうしよう」と決断をためらい、行動を起こさずにいた。だからといって、ジュンちゃんのことをすっぱりと諦め、ほかに恋人を探すという決断にも至らない。白野はどっちつかずのまま、ジュンちゃんの周りでぐずぐずと足踏みするばかりだった。

そんなところに、栗須の死という事件が起きる。

それを機に白野は、右を選ぶでもなく、左を選ぶでもない、突拍子もない「第3の道」を選んで突っ走った。告白するのでもなければ、しないのでもない。「ジュンちゃんの愛する栗須になりすます」という、思いがけない選択だ。

彼にしてみれば、「リスクの低い選択」をしたつもりだったのだろう。何より、ジュンちゃんを悲しませずに済む。さらに同じ告白をするのでも、自分の顔でなく、栗須の顔であれば、ジュンちゃんに振られることはまずない。だから、傷つかずに済むはずだ、と。

だが、その選択は結果として間違いだった。ジュンちゃんが、白野を好きだと言い出したからだ。告白された瞬間、白野は自分の選択を激しく悔やむ。下手にブラック・ジャックに頼んで、栗栖の顔になる手術など受けなければよかった！　引き返せるも

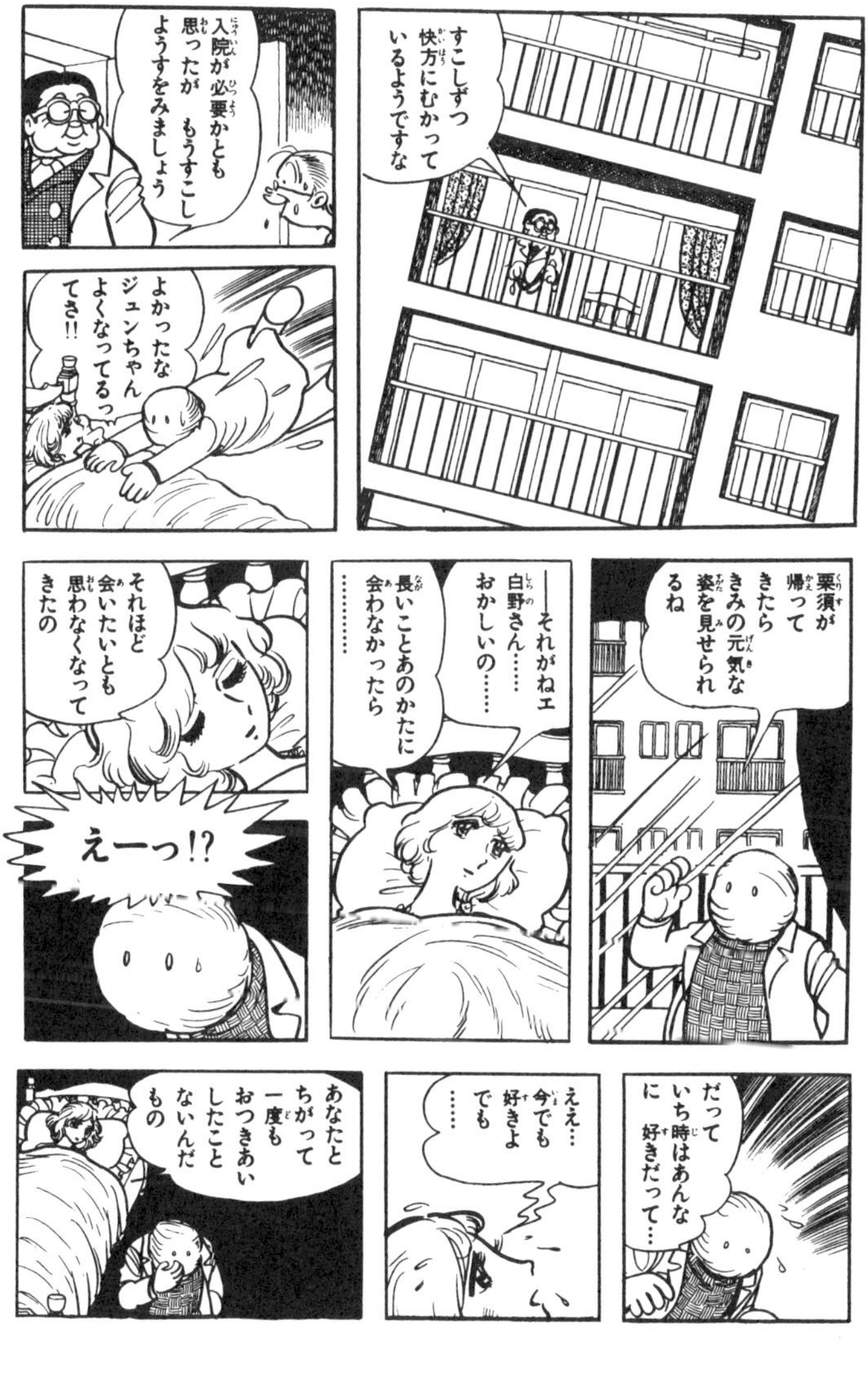
すこしずつ快方《かいほう》にむかっているようですな
入院《にゅういん》が必要《ひつよう》かとも思《おも》ったが もうすこしようすをみましょう
よかったなジュンちゃんよくなってるってさ!!
栗須《くりす》が帰《かえ》ってきたらきみの元気《げんき》な姿《すがた》を見せられるね
—それがねエ白野《しらの》さん……おかしいの……
長《なが》いことあのかたに会《あ》わなかったら……
それほど会《あ》いたいとも思《おも》わなくなってきたの
えーっ!?
だっていち時《じ》はあんなに 好《す》きだって…
ええ…今《いま》でも好《す》きよ でも……
あなたとちがって一度《ど》もおつきあいしたことないんだもの

のなら引き返したいと。

では、動かないほうがよかったのだろうか。下手に動かず、いつまでもロバのように足踏みしていればよかったのだろうか。いや、そんなことはない。

まず、白野が行動を起こしたことがきっかけとなり、ジュンちゃんは自分の本当の気持ちに気付けた。

それだけではない。より重要なのは、白野自身に、自分の選んだ「第3の道」が間違いであることが分かったことだ。栗須になりすませば誰も傷つかずに済むという想定は、間違っていた。

この「間違っていた」と、分かること自体に価値がある。

ロバの例えで言うなら、右に行くか左に行くか足踏みしていたら、「あっちにすごくおいしい草があるらしい」との評判を聞いた。しめたとばかりに「第3の道」に食べに行ったのに、いざ口にしたら「まずいじゃないか！」といった状況だ。

こうやって「間違っていたと分かる」ことに価値がある。

それは、次の行動につながるからだ。

間違えたと分かったなら、その時点から全力で引き返し、右でも左でも、別の道に向かえばいいだけなのだ。選択肢を片っ端から試してみれば、最後には、どれがおいしくて、どれがまずいのかが分かる。

もちろん、一度目のトライで、おいしい干し草にありつけることだってある。いずれにしても、行動を起こさず足踏みしていたら何も分からないままなのだ。

物語では白野が「間違いだった」と引き返してくることを見越したブラック・ジャックが、その先にあらかじめ粋な計らいを準備していたわけだが……。

Tさんも今、身動きが取れなくなっている。

総合職に転換するのか、しない

のか。

白野やビュリダンのロバと同様に、2つの選択肢の前で決断を下せず、足踏みしている。

足踏みしてしまうのは、「うまくいかなかったらどうしよう」と思うから。もしも、うまくやれなかったときに、恥ずかしい思いや、残念な思い、悔しい思いをしたくないから。ロバでいえば「まずいほうを食べて後悔したくない」。そんな気持ちが強いのかもしれない。

しかし、結果がどう転んだとしても、決断を下し、行動を起こすことには意味がある。その体験から得るものは大きいし、本当に嫌だったら、やり直すこともできる。総合職の試験を受けたり、実際に総合職をやってみたりしてから、「やっぱり私には向きません」と、上司や人事部に申し出てもいい。実体験があれば、断るときの迷いは減るだろう。

要するに、うまくやれなかったら戻ればいいし、「うまくやれなかった。自分には合わなかった」と分かること自体に価値がある。

そもそも、Tさんの総合職への転換は、まだ失敗すると決まったわけではない。チャレンジすらしていないのだから。実際に挑戦しないかぎり、「失敗するかどうか」

の答えは永遠に出ないままだ。やってみたら、案外、「総合職のほうが合っていました」という結果になることだって十分あり得る。

憧れのU先輩だってこれまで失敗なくやってこられたのだろうか。恥ずかしい思いや悔しい思いを一度もすることなく、今に至っているのだろうか。そんなはずはないのだ。

ブラック・ジャックならTさんにこう言うだろう。


「白野はとにかく行動を起こしたぞ。まあ、きっかけは褒められたもんじゃないがな。価値があると分かって行動するんじゃない。行動すること自体に価値があるんだ。おまえさんも覚悟を決めることだな」

カルテ
KARTE
12

昔はあんなに褒められていたのに

【ある職場で】現場が恋しい営業マネージャー

製薬会社に勤めるVさんは昨年、営業部門のマネージャーに昇進した。

それまではMR（医薬情報担当者）として、現場の最前線で忙しい日々を送ってきた。医学部の教授や医師のアポを取っては、大学や病院を1日に何軒も営業に回っていた。

真面目なVさんは、新人の頃から専門知識を意欲的に学んだ。もともと人好きのするタイプだったところに勉強熱心とあって、医師たちの間でも受けが良く、営業成績は順調に伸びていった。

そして入社4年目にして「優秀MR」の社内表彰を受けた。受賞当初は、その重み

にいまひとつピンときていなかったが、社内外の行く先々で、「若くして優秀MRに選ばれたVさん」として声をかけられると、素直にうれしかった。努力が目に見える形で報われる喜びを知った。

しかし、そのことで「来年も優秀MRに選ばれたい」という気持ちが芽生え、日増しに強まった。

表彰をきっかけに社内で注目され、翌年から、重要顧客の担当が増えた。社内の業務改革プロジェクトなど、本業以外の仕事も舞い込んだ。優秀MRになるには営業成績だけでなく、部門推薦が必要だ。周りに与える印象を考えると、他の仕事も手を抜けない。入念に準備したプロジェクト会議の資料を褒められれば、うれしくてまた無理を引き受けてしまう。それだけでも忙しいのに、医療系の大学院にも通い、最新の研究知見を学び、人脈を広げた。

Vさんは、どんどん疲弊した。自分でもどこかでセーブしなくてはと思っていたが、今の高い評価を維持し、もう一度、あの表彰の壇上に立ちたいと思うと、つい頑張ってしまった。

そんな努力のかいあって、Vさんは3年連続で優秀MRに選ばれた。

しかし、その頃にはプレッシャーから、心身のバランスを崩し始めていた。

これ以上の努力はもう無理……。

そう思っていた矢先、マネージャー昇進の打診を受けた。

Vさんは喜んだ。年齢からすれば大抜擢と言ってもいい。しかも、「優秀MRを取り続ける」というプレッシャーから解放される。二つ返事で承諾した。

マネージャーとしても、Vさんは活躍した。着任早々、部下を集めた定例勉強会を開始。提案書の添削や商談のロールプレイングなど実践的な指導に力を入れた。部下たちは着実に力を付け、成績を上げていった。

そして今年、部下の一人が、かつての自分と同じ優秀MRの表彰を受けるに至った。

ところが、その知らせを聞いてVさんは複雑な気分になった。

自分の育てた部下が認められたことは純粋にうれしい。けれど、その喜びは自分自身が受賞したときの喜びとは何か違う。ふと思った。

「そういえばこの頃、誰かに褒めてもらったことがないなあ……」

自分で営業をしていた頃は、担当する病院の医師やスタッフから、毎日のように感謝や慰労の言葉をもらっていた。たまに怒られるのも期待されているからで、かえって励みになった。けれど今は、部門長から時々、予算の進捗チェックを受ける程度で褒められはしない。部下は「さすがマネージャー、すごいですね！」などと言ってくれるが、どこか空々しく響く。今の自分の仕事には、確かな手応えがない。

華々しく表彰される部下の陰には、自分の指導やフォローがあるのだと、どれだけの人が気付いているのだろう……。そんなことを考えるうち、仕事への情熱が冷めていく気がする。

この事例にブラック・ジャックのある一話を思い出した

ある一話 海賊の腕

「いつみてもうまいなァ イッちん」

「将来オリンピック選手になるつもりだろッ」

校庭の鉄棒で大車輪から見事に着地を決めたイッチン。得意の器械体操で、同級生の拍手喝采を浴びていた。

ところが直後、イッチンの左腕に激痛が走る。見るとひどく腫れていた。心配する同級生たちに、「たいしたことねーよ」と強がってみせる。だが、後からこっそり、水道で腕を冷やしていた。

それを見ていたクラスメートの古河さんが、「水なんかでひやすより お薬つけてもらったら？」と忠告する。そんな彼女に「うるせーな あっち行け!!」と吐き捨て、イッチンは取り巻きの生徒たちを引き連れて下校していく。

少し離れてついていく古河さんは、彼が左腕を気にするそぶりを見逃さなかった。すぐに彼の自宅に電話して、母親に腕の異変を報告した。

帰宅後、母親から病院に行くように強く迫られ、抵抗するイッチン。「あのブスめ!! よけいなまねしやがって!!」「あの子 おれがモテてモテてしゃくにさわるんで いやがらせをやったんだ」と、古河さんへの不満をぶちまけるが、母親に一喝される。

観念して訪れた病院で、深刻な事態が判明する。イッチンの腕は壊疽《えそ》を起こしていて、放っておけば腐ってしまうという。医者は、手を絶対に動かさないように忠告したが、イッチンが聞くはずもなく、無理に鉄棒を続けるうちに症状が悪化し、とうとう手遅れに……。

古河さんは主治医のもとに出向き、涙ながらに懇願した。

「助けてあげてください　おねがい　ほんとにおねがい」

だが、そのとき、少年の腕は切断せざるを得ない状態になっていた。

主治医はブラック・ジャックに相談する。腕を失って体操ができなくなったら、イッチンは将来の望みを失ってしまう。だから、励ましてやってほしいと。主治医は、ブラック・ジャックがかつて大怪我から立ち直った経験を持つことを知っていた。

励まし役なんてごめんだ、と一蹴するブラック・ジャック。ところが突然、「だが方法はある　ひきうけてもいい」と言い出した。何か考えがあるようだ。

こうしてブラック・ジャックの執刀の下、切断手術が行われた。

手術後、初登校の日。

「イッチーン　なおっておめでとー　おめ……」

同級生たちは彼の左腕を見てギョッとする。先端がカギ状の義手になっていたのだ。かける言葉が見つからず誰一人近寄ってこない。遠巻きに見る彼らの顔は、ある者は呆然とし、ある者は薄笑いを浮かべている。イッチンは、今までとのあまりの違いに大声で笑うしかなかった。

「フフフ ハハハ ハハ ハハハ アーハハ アヘアヘ」

「海賊ー」——。いつの頃からか、イッチンのあだ名は「海賊」になっていた。嫌がる彼に、「だって海賊の首領は片手がカギじゃないか」「そっくりだよ 悪者の大海賊に」と悪友たちはからかう。

ヒーローから一転、悪者呼ばわり。「ちきしょう…… こんな手……」と肩を落とした。

下校時、鉄棒を前に立ち尽くすイッチン。突然、義手を鉄棒に激しく打ち付け始めた。

「カーン カン カン ガン」

鉄同士がぶつかり合う金属音がむなしく響く。

「くそっ くそーッ くそったれ バカ バカ バカ」

するとどこからか声がする。

「イタイ！」

イッチンは驚いて打ち付けるのをやめ、義手を見つめて言う。

「おれの手がものいった!? なんだいこりゃ…」

「シャベレルヨ ナニシロキミノカラダノイチブダカラナ」

なんと義手がしゃべりだしたのだ。

「おまえのために おれ 海賊ってよばれてるんだぞ」

「ヨブヤツハ ヨバシトケ キニシナイキニシナイ」

「だれも友だちがよりつかないよ」

「ソンナノハ トモダチジャナイヨ」

……。

以来、左腕の義手はイッチンの心の友となった。

「イッチン　ゲンキダセヨ　タイソウガデキナクッテモ　ホカニ　ナニカデキルヨウニナルンダ」

体操以外の特技を探そうと提案する義手は、イッチンが将棋も得意なはずだと指摘する。イッチンは驚いた。その通りだったからだ。

義手は、将棋で日本一を目指せと励ます。

「ボクガツイテイテチカラニナッテヤルヨ！」

こうして将棋の練習試合に明け暮れる日々が始まった。駒を打つ彼の後ろには、物陰から見守る古河さんの姿があった。将棋を指す彼を見て彼女もうれしそうだ。

そのうちイッチンの強さがあちこちで噂になり始めた。

「あの義手でうたれると　こっちの気持ちがみだれちまうんだ」

「とにかくやつは大物だな」

イッチンは地区学生将棋大会に出場し、決勝まで勝ち進む。

大事な試合の前に、すっかり打ち解けた義手に話しかけるイッチン。

「おい　いよいよ決戦だぜ　おれ上がっちまうよ……たのむよな」

「オチツクンダ　キミハキットカテル　ボクガツイテルヨ」

いつだって左腕の義手が心の頼りだった。

「あのときはまさか しょうぎのことなんか頭にうかばなかった……」

「死にたいくらいガックリきてたんだ……」「いまでは ほんとに心からの友だちはおまえだけだよ」

そう言って義手に顔を近付けると、かすかな音が聞こえてくる。

チッ チッ チッ……。何の音か不思議に思ったイッチンが辺りを見回すと、会場の壁時計の音と重なる。時計の下に近付いていくと、誰かの背中が見えた。壁の裏手に隠れている古河さんだった。手には小さな無線マイクを握っている。とっさに身

を隠すイッチン。

「コレニ優勝シタラ アトハ全国大会ダ」

なんと、義手の声の主は古河さんだったのだ！ イッチンは、胸がいっぱいになる。よもや見つかったとは知らない彼女をこっそりのぞきながら、義手に問いかける。

「か……勝てるかい？……」

「勝テルトモ！ ガンバロウヨ」

後ろ髪を引かれる思いで決勝の会場に向かう彼の前に、ブラック・ジャックが現れた。

「どうだ？ 義手のぐあいは」

イッチンが「い……いいです」と答えると、「そうだろう なにしろおれのつくった特別製義手だからな」と言って彼を送り出した。

（『ブラック・ジャック』第6話「海賊の腕」＝秋田書店 少年チャンピオン・コミックス1巻／電子書籍版9巻収録）


古河さんの献身に心打たれる。つらいときにこそ寄り添ってくれる人。そのありがたさが心に染みる結末だ。

この物語が、現場を離れてから物足りなさを感じているVさんに、どんなヒントになるのか

ここに注目「他者評価」というジェットコースター

物語のイッチンは、左腕の怪我を隠そうと必死になった。なぜなら、得意の器械体操で同級生たちからもてはやされる喜びを手放したくなかったからだ。

彼は、承認欲求にとらわれていた。誰だって、人から褒められればうれしいし、もっと頑張ろうというモチベーションも湧く。そんな承認欲求がイッチンの体操の技術を向上させたのは確かだが、その喜びに振り回されてしまっていた。結果、腕の切断手術を受けるまでに怪我を悪化させてしまった。

職場の事例で「優秀MR」の表彰を何度も受けたVさんもそうだ。表彰をきっかけに承認欲求に火が付き、仕事に邁進し、大学院で勉強もした。その努力は、確かにス

キル向上に役立ったかもしれないが、自分の心身を限界まで追い詰めることにもなった。

イッチンもVさんも、まるでジェットコースターに乗せられているようだ。上へ下へと振り回されている。

鉄棒で拍手喝采を浴び、クラスの人気者だったイッチンは、腕が義手になった途端、一転して同級生たちから遠巻きにされ、好奇の視線にさらされる。さらには海賊と呼ばれ、つらく切ない気持ちで日々を過ごす羽目になった。

この変化にイッチンは大きく心をかき乱される。良いときは皆に持ち上げられ、一転、義手になった途端に見下される。

他者の評価というレールに乗って、上下に激しく疾走する。そんな「他者評価」という名のジェットコースターから降りないかぎり、激しい心の浮き沈みからは逃れられない。

「優秀MR」にこだわったVさんも基本的には同じだ。他者からの高い評価を維持したいばかりに許容量を超える仕事を抱え込み、最後は身動きが取れなくなった。

承認欲求は、満たされればこの上ない快感を味わえるが、「他者評価」というレールに縛り付けられる「不自由さ」を伴う。

一方、イッチンを心配する古河さんは、誰からの評価も見返りも求めない。

好意を抱いている彼から「うるせーな」と疎ましがられようとも、腕の怪我を悪化させてはならないと、毅然として母親に電話した。入院したと聞けば、なりふり構わず主治医にまでお願いに行った。それでも結局、腕を失ってしまったイッチンを、今度は義手の声として陰から支え続けた。疎ましがられ評価されなくとも、イッチンがいきいきと輝き続けることだけを望んで行動したのだ。

承認欲求など、かけらもない。どこまでも利己心がない。

それゆえ、誰からも気付かれない古河

さん。

しかし、古河さんは決して、不幸ではない。むしろ幸せだ。

他者評価というジェットコースターに一喜一憂しているイッチンと比べると、古河さんは、あたかも静かな野原を自分の足で一人、自由に歩いているかのようだ。他者の評価に振り回されれば蛇行してしまう行程も、自分の基準に従って行動すれば、心静かに目標に向かってまっすぐ進める。その証拠に古河さんは、イッチンの素っ気ない態度に振り回されることなく、何より望んだ「いきいきと輝き続けるイッチンを取り戻す」という目標に見事にたどり着いている。

古河さんのような承認欲求にとらわれない姿勢は、職場のリーダーにとって思いのほか、重要なものだ。

「優秀ＭＲ」の表彰を受け続けるために疲弊していたVさんは、マネージャー職に就き、現場から離れたことで救われた。しかし、今度はその立場が物足りなくなった。

他者からの評価が恋しくなったのだ。

職場では経験を積み、立場が上がるほど、他者からの叱責が減る代わりに、賛辞も減っていくものだ。昇進や表彰に求められるハードルも上がる。そんな直接的な評価を得にくい陰の仕事で、いかにモチベーションを維持するか。そんな課題に直面している。

それなら、こう考えてみてはどうか？

職場でリーダーとなり、承認欲求が満たされにくくなる。そんな「立場の転換」は、イッチンのような不自由さから、古河さんのような自由さへの転換でもある。他者評価のレールに振り回されるのではなく、自分の足で心静かに目標まで歩を進められる。まるで雑音と起伏のない野原の散歩だ。その心地良さに気が付けば、ジェットコースターの「不自由な快感」からの解放を、素直に喜べるのではないか。

ブラック・ジャックなら、Vさんにこう言うだろう。

「誰かに褒められたい、か……。そんな気持ちもあるかもな。だが、たった一人で自由に野原を歩き回る気分も格別だ。そろそろその解放感を楽しめるようになれよ」

カルテ
KARTE
13

何のために頑張っているのだろう

【ある職場で】疲労困憊するカスタマーサポート責任者

食品会社のネット通販事業部門で、カスタマーサポートの責任者をしているWさん。ここのところ、すっかり疲労困憊している。

この部門を任されたのは3年前のことだ。社長から直々に「君にやってほしいんだ」と、声をかけられた。それまではカスタマーサポートの経験も知識も全くなかった。だが、ネット通販事業は年々売り上げが急増していて、社長の期待はひしひしと伝わってくる。

そんなところに着任直後、一番古株の女性スタッフと話す機会があり、強い使命感が芽生えた。事業拡大に伴い、カスタマーサポートに寄せられる問い合わせや苦情、要望の電話やメールが増え、現場の負荷は重くなっていた。にもかかわらず、スタッフの士気は高いという。

「何しろ、顧客の声がダイレクトに届きますからね。この声をぜひ、商品やサービスの品質に反映させて、顧客満足度を高めたいと思うんです！」

そんな現場の熱意に応えたいと、Wさんは強く思った。

そこで、他社のカスタマーサポートの成功例を研究し、業務プロセスを改善していった。

例えば、問い合わせなどの内容を記録する定型フォーマットをつくり、重要事項の聞き忘れなどを防いだ。また、カスタマーサポートに寄せられた意見に対し、スタッフが重要度をランク付けして、商品開発や営業の社員に伝える仕組みをつくった。それを受けて、ある商品のパッケージデザインを変えたところ好評を博し、SNSで話題になった。当時は充実感があった。

だが、1年ほど前から、風向きが変わってきた。

販売拡大に伴って増え続ける問い合わせに対応するためスタッフを増やした。増収増益の勢いに乗っての判断だったが、それが裏目に出てしまったのだ。

現場が忙し過ぎて、新しいスタッフの教育に手が回らなかった。そのため、新人スタッフと顧客の間でトラブルが頻発。その対応で、ベテランスタッフの負荷がさらに増すという悪循環に陥った。ベテランと新人の間に反目が生まれ、職場の人間関係も悪化した。

Wさんも、トラブル対応に追われる毎日だ。「もう我慢できません」「辞めたいです」というスタッフの声も耳に入ってくる。そんなところに先日、部門長から注意を受けた。

「君のところ、スタッフの残業代がすごく増えているじゃない。コスト管理をしっかりしてね」

このままではいけないと考え、主要なスタッフを集めて会議を開いた。緊急に解決を要する議題として、Wさんは「残業時間の削減」を挙げた。会社のコストに関わるし、現場スタッフにとっても切実な問題だからだ。すると、こんな意見が出た。

「いっそ、電話をかけづらくしましょうか」

「ホームページにある問い合わせ窓口の連絡先を見つけにくくするとか？」

冗談交じりだったが、スタッフの本音がにじみ出ていた。

Wさんも少し弱気になった。「少なくとも電話対応に応じる時間は、今より短くしたほうがいいかな……」。そう考えたところで、ハッとした。そんな結論で本当にいいのだろうか。

「Wさん、それで結局、どうするんですかっ！」

スタッフに決断を迫られ、困惑した。自分はいったい、何のためにこれまで頑張ってきたのだろう。昔はみんな、「顧客満足向上のために！」と、燃えていたのに。そういえば、うちの社長が掲げた企業理念は「顧客第一主義」だった……。

コストダウンや残業削減で頭がいっぱいになっているWさん。どこでどう間違えてしまったのか。

この事例にブラック・ジャックのある一話を思い出した

ある一話　上と下

高層ビルの建設現場。

「不景気だってえのに ニョキニョキ ビルがたつなあ」

工事中のビルの足元で、建設作業員が弁当をつつきながら話していた。

「だけどよオ 不景気なのにあんなビルに入る会社もあるんだからなァ」

すぐ隣の高層ビルを見上げた。その視線の先にある社長室では異変が起きていた。

「ムーッ ムムムムッ……」

街を見下ろす高層階の一室で、焼久曾《やけくそ》社長が突然、苦しみ始めた。汗をびっしょりとかいたかと思うと、椅子から転げ落ち、大の字になって倒れた。

同じビルに居合わせたブラック・ジャックが急遽、診察する。

「ひどい貧血だ どこかが内出血したんだ すぐ輸血しなけりゃならん!」

そこで困った事態が発覚する。社長の血液型はＲＨマイナス。特別で希少な型だった。

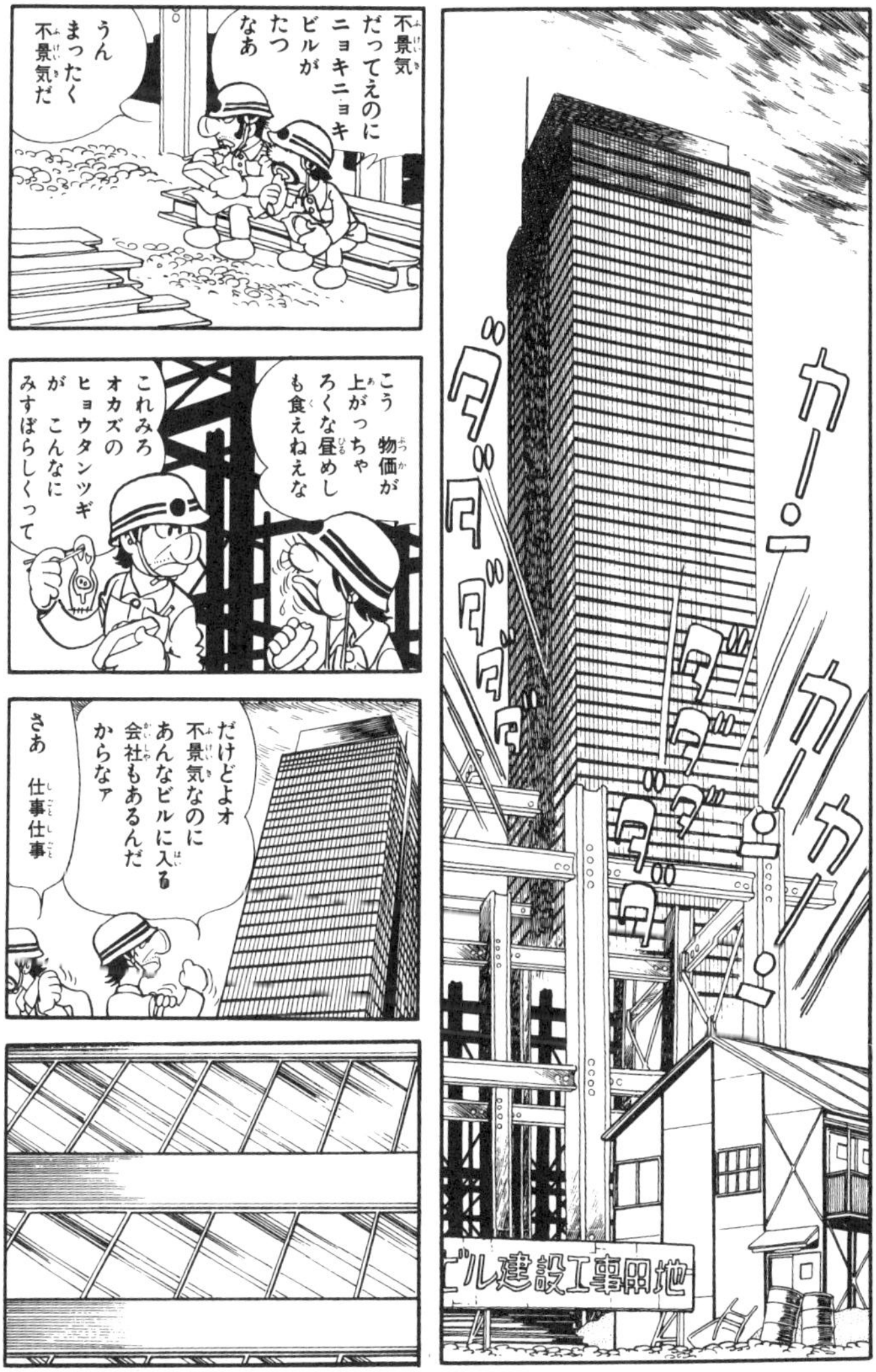
カーン
カーンカーン
ビル建設工事用地
不景気《ふけいき》だってえのにニョキニョキビルがたつなあ
うん まったく不景気《ふけいき》だ
こう 物価《ぶっか》が上《あ》がっちゃろくな昼《ひる》めしも食《く》えねえな
これみろ オカズのヒョウタンツギが こんなにみすぼらしくって
だけどよオ 不景気《ふけいき》なのにあんなビルに入《はい》る会社《かいしゃ》もあるんだからなァ
さあ 仕事《しごと》仕事《しごと》

部下たちは、同じ血液型の人を探し、高層ビルの上から下まで駆け回るも見つからない。とうとう隣の建設現場までやってきた。そこで、作業員の力《りき》さんがＲＨマイナスの血液の持ち主だと分かる。先ほど、社長室を見上げていた作業員だ。

「うちの社長を助けて……」との頼みに、二つ返事でＯＫした力さん。汚れた作業着のまま、高層階の社長室に連れられ、ブラック・ジャックの指示で、床に仰向けに寝かせられる。その隣には、絶対安静の社長が横たわる。

こうして社長室での緊急手術が始まった。

ブラック・ジャックは、たった一人で腹部大動脈瘤の手術を成功させた。

「先生…まったく なんともお礼の申しようがありまへん」

揉み手ですり寄る社長の側近に、ブラック・ジャックは、例によって「それより手術料だが 五千万円いただこうか」と吹っかけた。法外な要求に側近は慌てるが、こうなっては払わざるを得ない。

ブラック・ジャックは、しっかり５０００万円の小切手を手にして去っていった。

その後、無事回復した社長は命の恩人である力さんをもてなすことにした。

「あんたがいなけりゃ わしは今ごろあの世いきだ」

場所は、高層ビル最上階のスカイレストラン。「おいら こんな高い所へ 正装で上がるの 生まれてはじめてでさァ」

豪華なシャンデリアにナイフとフォークの食事。力さんは「……かたっ苦しくってアジなんか わかんねえ」と緊張しっぱなしだ。「おいらのいきつけの店のほうが気が楽で……」と頭をかく力さんに、社長は「ン そこへいこう」と応じる。

力さん行きつけの大衆食堂に場所を移し、カウンターに並んで、サバの煮つけ定食を頬張る。「ン うまい!!」。こうしてすっかり打ち解けた2人は、肩を組んで仲良く街へ消えていった。

場面は変わって、焼久曾社長は営業部長と空港へ向かう車の中。米国で、会社の命運が懸かった取引が待っている。社長が直々に交渉しなければ決着しない。

同じ頃、力さんが働く建設現場で大事故が起きた。崩れ落ちる鋼材。「あぶねえーっ」と声が上がったかと思えば、下敷きになった力さんは虫の息に。手術に必要な血液型は、あのＲＨマイナスだ。

その知らせが、米国行きの飛行機に乗り込んだばかりの焼久曾社長のもとに届く。社長はためらいながらも、隣に座る営業部長に相談した。

「わしの友だちが大けがで わしの血がいるんだと……」

しかし、部長は「しかたがありませんな」と視線も合わせずに却下する。なおも「あいつを見殺しにすることになる……」とためらう社長に、「こっちだって この取り引きがまにあわないと うちの社は命とりになります」と、部長は声を荒げた。

会社の命か力さんの命か。

悩んだ末に、「わかった もう忘れる」と、一度は腹をくくった社長だったが、離陸直前になって、座席から飛び出した。

「おりるーっ!! 待ってくれ!!」

そう叫ぶと、引き留める部長と客室乗務員を振り払い、タラップを駆け下りる。力さんの命の限界は迫っている。ハイヤーに飛び乗った社長は身を乗り出して運転手に命じた。

「信号無視 百五十キロでフッとばせ」

スピード違反と信号無視を重ねる道中、追いかける白バイがどんどん増えていく。

こうして白バイともども病院に転がり込んだ社長のおかげで、力さんの命は救われた。

3カ月後、力さんはビルの建設現場に再び立っていた。

「しばらくこねえうちに ずいぶん工事もはかどったなァ」

建設中だったビルは、隣のビルに肩を並べるほどになっていた。現場に立つ力さんが隣の高層階に目をやると、窓辺に小さく焼久曾社長のシルエットが見えた。

「——あの人はおいらの大恩人だ……」

机も椅子もなくスッカラカンになったオフィスには社長と営業部長がいた。

「——うちの社も今日かぎりか……」

「だから社長!! あの時 へんなナサケ心を出して 取り引きをパアにしてしまわれたから」

営業部長は愛想を尽かして去っていく。一人残された社長はつぶやいた。

「これで わしも一文なしか……まあもう一度やりなおしじゃ」

高層階から下りてきた社長は、薄っぺらになった財布を見る。そして、以前に力さんと行った大衆食堂に入り、サバの煮つけ定食を注文した。

そこに力さんとブラック・ジャックが現れる。

「社長さん!!」と呼ぶ声に、「やー 力さん 社長はもうよしとくれ」と社長。

「話ききましたよ　気を落とさねえで……」「出なおしだろ!! 手伝うよっ」

力さんは社長の手を握る。

一方、ブラック・ジャックは素っ気ない。「手術代のツリを持ってきただけだ」と封筒を置くと、さっさと店を出ていってしまった。

「ツリだっていいましたぜ」と、いぶかし

げに中を見た力さんが飛び上がって驚く。

「四千九百九十万円の小切手!?　ギャッ！」

2人は慌てて店を出て、ブラック・ジャックを追いかけた。

「おーーい　先生ーー」

車に身を隠したブラック・ジャックは、肩を組んで街へ消えていく2人の後ろ姿を見送った。

（『ブラック・ジャック』第114話「上と下」＝秋田書店　少年チャンピオン・コミックス12巻／電子書籍版3巻収録）

命に「上下」はない。生きてさえいれば何度でも地べたから再スタートできる。そんな希望が感じられる結末だ。

この物語が、いつの間にか顧客満足を忘れ、数字や時間に振り回されているWさんに、どんなヒントになるのか

【ここに注目】損得だけが仕事の価値基準ではない

物語の中で、焼久曾社長は、飛行機を降りるかどうか究極の選択を迫られる。

会社の命か、力さんの命か。

離陸寸前の飛行機から降りなければ、命の恩人である友の命は救えない。

だが、飛行機から降りれば、米国での取引が破談になり、会社にとって命取りになる。

この難しい選択を前に焼久曾社長は営業部長と対立し、決裂してしまう。会社を取るべきだと主張する部長と、友の命を選んだ社長。この2人の分岐点は何だったのだろうか？

営業部長は、頭から湯気を出して引き留めた。「別の会社が契約しちまいますっ」「その人には気のどくだが　目をつぶってください」と。つまり部長は、「会社にとって利益になるか」という価値基準で判断した。「損得勘定」で、社長を説得しようとしたのだ。

一方、社長は、損得勘定を捨てた。人命が懸かる切迫した局面で「会社の利益」よ

りも、「倫理観」を優先させた。ここでは「人として正しいかどうか」という基準で判断したのだ。「倒産したら社員が路頭に迷うじゃないか」と言われるかもしれない。だが、焼久曽社長ならこう言うだろう。

「命さえあればやり直せる。私も頑張るから、申し訳ないが君たちも頑張ってくれ」

「損得勘定」と「人として正しいかどうか」――。一つの問題に対して、2人は判断基準が違っていたのだ。

こんな究極の選択は日常の職場にそうあるものではない。

しかし、長く働いていれば、誰しも似たような選択に迫られるものだ。

例えば、品質基準を満たしていない製品が出荷された。致命的なことではないし、数も限られているから、自分が黙っていれば誰も気付かないかもしれない。けれど、それでいいのか。

あるいは、部下がオーバーワークで疲れ切っている。けれど、ノルマ達成のため、もう一頑張りしてほしい。そこで部下を叱咤激励するのか、ノルマを諦めて休ませるのか。

コールセンターのWさんもそうだ。残業時間を減らしてコスト削減したいが、そのための具体策を考えると、どうしても顧客の利便性が下がる。そんなジレンマに苦しんでいる。

読者のあなたも、何か思い出す場面はないだろうか。

仕事をする上で「損得以外の価値基準」を持つことは重要だ。

損得勘定だけでは選択に迷ったり、人として誤った選択をしてしまったと後悔しかねないからだ。焼久曾社長が究極の選択に決断を下せたのも、常日頃から「損得以外の価値基準」を意識していたからだろう。

企業理念とは本来、こういう判断に迷う場面での指針になるものだ。忙しく目標に追われる毎日の中で、心に余裕を失うと忘れやすい大事な姿勢や考え方。そういうことが言葉にされている。例えば、「社会への貢献」や「人間性の尊重」「価値の創造」など。いずれも大切なことだ。

Wさんの会社の社長が「顧客第一主義」を企業理念に掲げたのは、「迷ったときには、顧客を優先する視点に立ち返ってほしい」という社員へのメッセージを託したものだろう。

だが、損得を考えなければ、仕事は成り立たない。しかも、損得は数字として目に見え、意識しやすい。それに対して、企業理念として並ぶ言葉は抽象的で意識しづらい。だからこそ、朝礼で唱和をしたり、社員全員が目にするところに張り出したり、日頃から心に留めておけるようにどこの会社も工夫を凝らす。

では、コールセンターのWさんは、どうしたらいいのか。

現場スタッフは、「これ以上、問い合わせが増えないようにしてほしい」と、悲鳴を上げる。上司も、残業増加によるコストアップを何とかしろとプレッシャーをかけてくる。ならば「問い合わせをしにくくしてしまえばいい」と、スタッフは提案する。だが、その声の言うなりになってしまえば、何より大切なはずの「顧客満足」が犠牲になる……。

現実は複雑で、スパッと割り切るのは難しい。「損得勘定」と折り合いをつけながら、「顧客第一主義」に沿う解決策を模索するしかないだろう。

例えば、当面の混乱を収めるため、いったんは電話対応の受付時間を短くする。その間に人材教育に注力して、体制を立て直す。それができたら再び、受付時間を長くする。そんな解決策も考えられるかもしれない。知恵を絞れば、ほかにも何か思いつくはずだ。

何しろ、カスタマーサポートの改革に成功した実績のあるWさんと、もともとは熱意あるスタッフがそろっているのだから。

その結果がどうなるかは、分からない。すぐにはうまくいかないかもしれない。しかし、「損得以外の価値基準」がブレなければ、一時的に損をすることがあってもまた立て直していけるのではないか。

ブラック・ジャックの物語の最後、出直しを図る焼久曾社長の後ろ姿に明るい可能性が感じられるように。

ブラックジャックならWさんにこう言うだろう。

「会社は慈善事業じゃない。損得勘定は必要だ。私が5000万円要求したようにな。臨機応変に他の価値基準とのバランスを取ればいいだけだ。私が4990万円のツリを渡したように。うまくやれよ」

おわりに

「週刊少年チャンピオン」で、『ブラック・ジャック』の連載が始まったのは1973年。私がこの本を書き終えようとしている今は、2018年。実に45年の歳月が流れています。

もしも、ブラック・ジャックが生きていれば、かなりの高齢になっているはず。繊細かつ高度な技術を要する外科医からは引退しているかもしれない。その後、何をしているのだろうか――。

実は、こんな私の妄想から、本書は生まれました。

私は、メンタルヘルス関連の人事コンサルティングをしているため、企業と契約する産業医の方々と一緒に働くことがよくあります。そして、こじれていた職場の問題が産業医の的確なアドバイスによって、解決される場面に出くわすことがあります。

だからつい、こんなことを考えてしまうのです。

ブラック・ジャックが今、どこかの産業医として、誰かの悩みの相談に乗っているかもしれない――。

本書を執筆したきっかけは、一般社団法人日本産業カウンセラー協会の広報・広告部から「会報誌で何か連載してみないか」と、お声がけいただいたことです。「内容は任せる」という一言が、大好きなブラック・ジャックにまつわる、私のひそかな妄想を形にするきっかけとなりました。

会報誌で連載している間、さまざまな感想をいただきました。

「僕も『ブラック・ジャック』は読んでいたけど、こういう視点はなかった。新鮮だな。医療マンガとしか思っていなかったのに……」と好意的に受け止めてくださる方もいれば、「ちょっと無理があるんじゃない。こじつけっぽいよ」と、苦笑いする方も。かと思えば、「確かにそういう解釈もできますね。だとすると、あそこはこうも読み取れますね……」と、新しい切り口で発想を膨らませてくれる方もいました。

いずれの意見も、私にとってありがたいものです。多種多様な視点からの解釈が可能だということは、私が惚れ込んだ『ブラック・ジャック』という作品が、いかに奥深い世界観を持っているかを示しています。

『ブラック・ジャック』は「学校の図書室で読んだ」という若い読者もいるほど、すでに古典ともいえる領域の芸術作品です。

芸術とは多様な解釈が可能で、視野を広げてくれるもの。そんな芸術作品に触れることは、メンタルヘルスの維持・向上という意味でも、非常に重要だと私は考えています。

こじつけと思われるかもしれません。しかし、本書の冒頭にも書いた通り、仕事の悩みの突破口は大抵、少しだけ視野を広げることにあります。それは心理療法の重要なエッセンスに通じています。

例えば、世界で幅広く活用されている心理療法に「認知行動療法」というものがあります。概要を説明すれば、ネガティブな感情や行動を生んでいる偏った思考（認知）が正しいかどうか検証し、現実的な思考に修正するというものです。

本書の「ある一話」で例えてみましょう。カルテ11の白野は「こんな大きな鼻ではジュンちゃんに好かれるはずはない」と悩んでいました。また、カルテ7の少年は「受験に失敗したら人生は終わりだ」と考えるがゆえに死のうとしました。これらが偏った思考（認知）です。偏った思考の原因は視野が狭くなっていることです。認知行動療法のカウンセリングでは、その偏った思考を検証し、視野を広げる手伝いをカウンセラーが行いますが、白野や少年の場合には、その手伝いをブラック・ジャックが行ったわけです。

同じように視野が広がるきっかけは、映画や文学、絵画といった芸術作品から得られることもあるでしょう。

「ああ、こんな見方もあるのか……」「こんな世界もあるんだ！」

今まで想像もしなかったような世界観に触れて、視野が広がり、心が動く。その体験は、閉じた狭い世界の中で息を詰まらせがちな現代のビジネスパーソンにとって貴重なものではないでしょうか。

本書をきっかけに、読者の方々があらためて『ブラック・ジャック』を手に取り、手塚治虫がこの作品に込めた意味について、あれこれ考えていただけるなら、一人のファンとして、そして産業カウンセラーとして、この上ない喜びです。

尾﨑健一

最後になりましたが、本書を出版するにあたりご尽力いただいた日経BP社・日経トップリーダー編集部の小野田鶴さんに感謝の意を表して、筆をおきたいと思います。

ありがとうございました。

[著] 尾﨑健一（おざき・けんいち）

シニア産業カウンセラー、臨床心理士
1967年生まれ。外資系コンピューターメーカー在職中に職場のメンタルヘルスに関心を持ち、臨床心理士を目指して早稲田大学大学院に進学。その後、半導体メーカーの人事部、EAP（従業員支援プログラム）会社勤務を経て、2007年独立。株式会社ライフワーク・ストレスアカデミーを設立し、組織のメンタルヘルス向上や人事労務問題のコンサルティングを手掛けている。その傍ら研究を続け、秋田大学大学院にて博士号取得（医学）。
著書に『仕事の悩みを自信に変えるドラッカーの言葉』（日経BP社）、『職場でうつの人と上手に接するヒント』（TAC出版）などがある。
東京臨床心理士会理事、日本メンタルヘルス講師認定協会理事などを歴任。

[協力] 手塚プロダクション

もしブラック・ジャックが仕事の悩みに答えたら

2018年11月19日　初版第1刷発行

著者　尾﨑健一
協力　手塚プロダクション
発行者　廣松隆志
発行　日経BP社
発売　日経BPマーケティング
〒105-8308　東京都港区虎ノ門4-3-12
デザイン　上田宏志［ゼブラ］
制作　クニメディア
編集　小野田鶴［日経トップリーダー］
印刷・製本　大日本印刷

ISBN978-4-296-10044-6　Printed in Japan